JN193355

オランダ公共図書館の挑戦

サービスを有料にするのはなぜか？

吉田右子

新評論

見るだけでワクワクしてくるキッズスペース！（アムステルダム中央図書館）

上：LGBT 図書を集めた「ピンク・キャビネット」と呼ばれる書架（アムステルダム中央図書館）
右：運河沿いのランドマーク的存在（アムステルダム中央図書館）Photo: Amsterdam Public Library (OBA)

扉写真：たくさんの利用者が訪れても余裕の空間（アムステルダム中央図書館）Photo: Amsterdam Public Library (OBA)

電車を降りたらそこは公共図書館（ステーション・ライブラリー、ハールレム駅）

世界初！エアポート・ライブラリーがあるスキポール空港

利用者に人気の雑誌と新聞コーナー（ベイルメールプレイン図書館）

右：「階段」が公共図書館の広場になっている（ベイルメールプレイン図書館）

利用者がそれぞれのペースで作業に集中できる仕掛け（ベイルメールプレイン図書館）

オランダの公共図書館では図書を探しやすくするためのシールが背に貼ってある（スタッズプレイン図書館）

左：古びた図書は廃棄せずに利用者に安価で売却する（スタッズプレイン図書館）

アムステルダム公共図書館は OBA の愛称で住民から親しまれている（ライゲルスボス図書館）

古い建物を公共空間として蘇らせる（ファン・デル・ペック図書館）

乳幼児向け資料のコーナー（リンネウス図書館）

上：壁に書かれた乳幼児コーナの案内（アイブルフ図書館）
右上：自宅のように図書館を使う分館の利用者（アイブルフ図書館）
右：デジタルネイティブ世代の利用者（アイブルフ図書館）

書架にはキャスターが付いていて自由に移動できる（バンネ図書館）

書店のように本を並べて利用者を惹きつける（アルメレ新図書館）

友だちと議論しながら宿題をするための大テーブル
（レントメストラヴァイ図書館）

図書館内のカフェで新聞をゆっくり読む至福の時間
（レントメストラヴァイ図書館）

はじめに

初めて北部ヨーロッパの公共図書館を訪問したのは、二〇〇六年夏のことである。二〇日間ぐらいの滞在期間に、デンマークとスウェーデンを駆け足で回るという旅だった。手厚い福祉サービスで知られる北欧の国々が豊かな図書館制度を確立していることは日本の図書館界でも周知となっていたので、北欧の公共図書館は私にとっては憧れの存在であった。

しかし、願いがかなって出掛けてみた北欧の図書館は、想像とは違って老若男女が押し寄せる施設ではなかったし、それほど目新しいサービスを提供していたわけでもなかった。そこにあったのは、どこにでもある「普通の図書館」だった。そんな理由もあって、この「普通の図書館」の凄さを知るには少し時間がかかってしまった。

北欧の図書館に対するインパクトは、夏の旅から戻って、冬になるころにじわじわとやって来て、その後、ずっと続くことになった。まるで取りつかれたように北欧の図書館研究に取り組むことになり、今日に至っている。この間に、『デンマークのにぎやかな公共図書館』（二〇一〇年）、

『読書を支えるスウェーデンの公共図書館』（共著、二〇一二年）、『文化を育むノルウェーの図書館』（共著、二〇一三年、ともに新評論）を著しているので、そのときに受けたインパクトについて知りたい方はぜひ読んでいただければと思う。

北欧の図書館は、図書館界をぐいぐいと引っ張っていくような実験的なサービスを次々に打ち出してくるので目が離せない。図書館を研究する際の対象として、これほど興味を惹かれる素材はないと言えるだろう。だから、その後もデンマークを中心に北欧の図書館に注目し続けてきたのだが、私の心の中には徐々にオランダに対する関心が大きくなっていった。

北欧と同様、オランダは福祉や文化への公的支援が手厚く、そうした公的サービスを積極的に享受すると同時に、徹底した個人主義を追求する人びとが暮らす国として知られる。公共図書館は社会を映し出す鏡のような存在だから、オランダ公共図書館には成熟した社会のあり方が投影されているに違いない。実際、北欧の図書館関係者も、地理的に近いオランダを結構意識していた。定期的にチェックしている北欧の図書館関係雑誌に、時折、オランダの図書館に関する記事が掲載されていたのだ。

さらに、オランダの図書館といえば、私の心に大きく引っかかっていることがあった。それは、公共図書館のサービスが有料であるということである。ノルウェーに行ったときのことである。小さな町の図書館司書に面会したとき、開口一番、次のように尋ねられた。

「日本では、図書館サービスは有料ですか？」

「日本の公共図書館サービスは完全に無料ですよ」と答えると、質問した司書は心の底から安心した様子で「ノルウェーも同じです」と言ったあと、「でもね、オランダでは図書館サービスに課金するんですよ」と言って顔を曇らせていた。

そう、オランダは公共図書館サービスが有料となっており、そのことが北欧の図書館界ではよく話題に上っていたのだ。

一五〇年以上も前にアメリカで誕生した近代公共図書館は、「無料」「公開性」「自治体による直接運営」という三つの理念を基盤として制度が構成されている。しかし、現在の日本がそうであるように、公的予算が減少し、新自由主義の影響を受けた市場主導型の文化政策が強まるなか、自治体による直接運営の原則は揺らぎつつある。

確かに、最初の二つの条件、すなわちすべての住民が無料で公共図書館を利用できるという点については、公共図書館制度が整備されたほとんどの国では、文化保障の観点から維持されている。しかしながら、オランダ、そして隣国のドイツは、公共図書館サービスを有料化するという制度が導入されているのだ。

考えてみれば、日本でも公立の博物館や美術館などは、そのほとんどが有料となっている。市民プールが無料で利用できるという自治体もまずないだろう。にもかかわらず、図書館に関しては「無料」というのが当たり前となっている。改めて着目すると、素朴な疑問が湧いてくるのだが、そのことについては第2章と第3章で詳しく検討したい。

それにしても、充実した公共サービスで有名なオランダで、なぜ図書館サービスが有料なのだろうか。とにかく、行ってみてこないことにはこの謎を解くことはできない。最後に北部ヨーロッパの図書館を調査したのは二〇一一年九月だったから、それから五年以上の歳月が経っている。私は久しぶりに相棒のトランクを引っ張り出し、旅の支度をはじめることにした。

久しぶりの海外調査、そして初めて訪れる国オランダ……はやる気持ちを抑えて、確かめたいポイントを整理した。文化的に多様な背景をもつ人びとへの図書館サービスは、最初の北欧調査からずっと私の関心テーマの中心にある。前回は、とりわけ移民・難民への図書館サービスに焦点を当てて調査を行ったが、今回はLGBT[1]に対するサービスも気になる。なぜなら、オランダは世界で初めて同性婚を認めた国なのだ。

それと、忘れてはいけない重要なことがある。オランダ公共図書館も、デンマークと同様ににぎやかなんだろうか。図書館を訪れた人は、自由におしゃべりをしているのだろうか、という興味である。

「図書館でおしゃべり？」と疑問に思われる読者のために、少し説明が必要かもしれない。北欧の公共図書館では、基本的におしゃべりが許されているのだ。もちろん、大声を出したり、人に迷惑をかけるような音を出すことは禁じられているが、みんな図書館で普通に会話をしている。だから、館内に入るとざわめきが聞こえてくる。静かな場所が苦手な私は、そのざわめきを耳にするとつい安心してしまう。

もう一つ、オランダにある「小さな図書館」にも興味を抱いた。公共図書館の基本単位は基礎自治体であり、規模が大きく、高度な図書館サービスを提供する「中央館」（本館）と、地元住民を対象として各地域の生活に根ざしたサービスを行う「分館」（地域館）がある。私は、「図書館の魂は小さな図書館に宿る」と信じてやまない分館愛好者である。オランダにも、それぞれの場所に、その地域らしい個性的な図書館があるに違いないと期待に胸を膨らませた。

調査ポイントが決まったら、次は調査館の選定である。かぎられた期間で図書館を回ることになるため、大小さまざまな図書館がある首都アムステルダムを拠点とすることは最初から決めていた。アムステルダム以外については、さて、どこに行こうかと考えたときに思い浮かんだのが、デンマーク文化省の城・文化局[2]のウェブサイトだった。

（1）レズビアン（lesbian）、ゲイ（gay）、バイセクシャル（bisexual）、トランスジェンダー（transgender）の頭文字からつくられた性的マイノリティーを表現する略語。

北欧から遠く離れた日本で、デンマーク、そして北部ヨーロッパの公共図書館の動向を知ることができるメディアで、このウェブサイトには、図書館専門職のための情報がたくさん掲載されている。そのコンテンツのなかに、図書館の選定に役立ちそうなページ「公共図書館のモデルプログラム」を見つけた。

この記事には、デンマーク国内外のユニークな図書館が紹介されている。公共図書館サービスを国際的にリードするデンマーク図書館界を統括するデンマーク城・文化局のチョイスに間違いはないだろう。記事のなかには、オランダにある六館の図書館が紹介されていた。そのなかから三館を選択し、あとはアムステルダムから訪問館を選んだ。

これで調査対象は決まった。あとは、これらに関する資料を用意して、いつも旅に持っていくものを詰め込むだけである。

(2) (Slots- og Kulturstyrelsen, Kulturministeriet) 城・文化局はデンマーク文化省の下部組織で、二〇一六年一月に文化局 (Kulturstyrelsen) と城・文化的建物局 (Styrelsen for Slotte og Kulturejendomme) の統合によって設置された。

もくじ

ヨーロッパの交通の要所「アムステルダム中央駅」

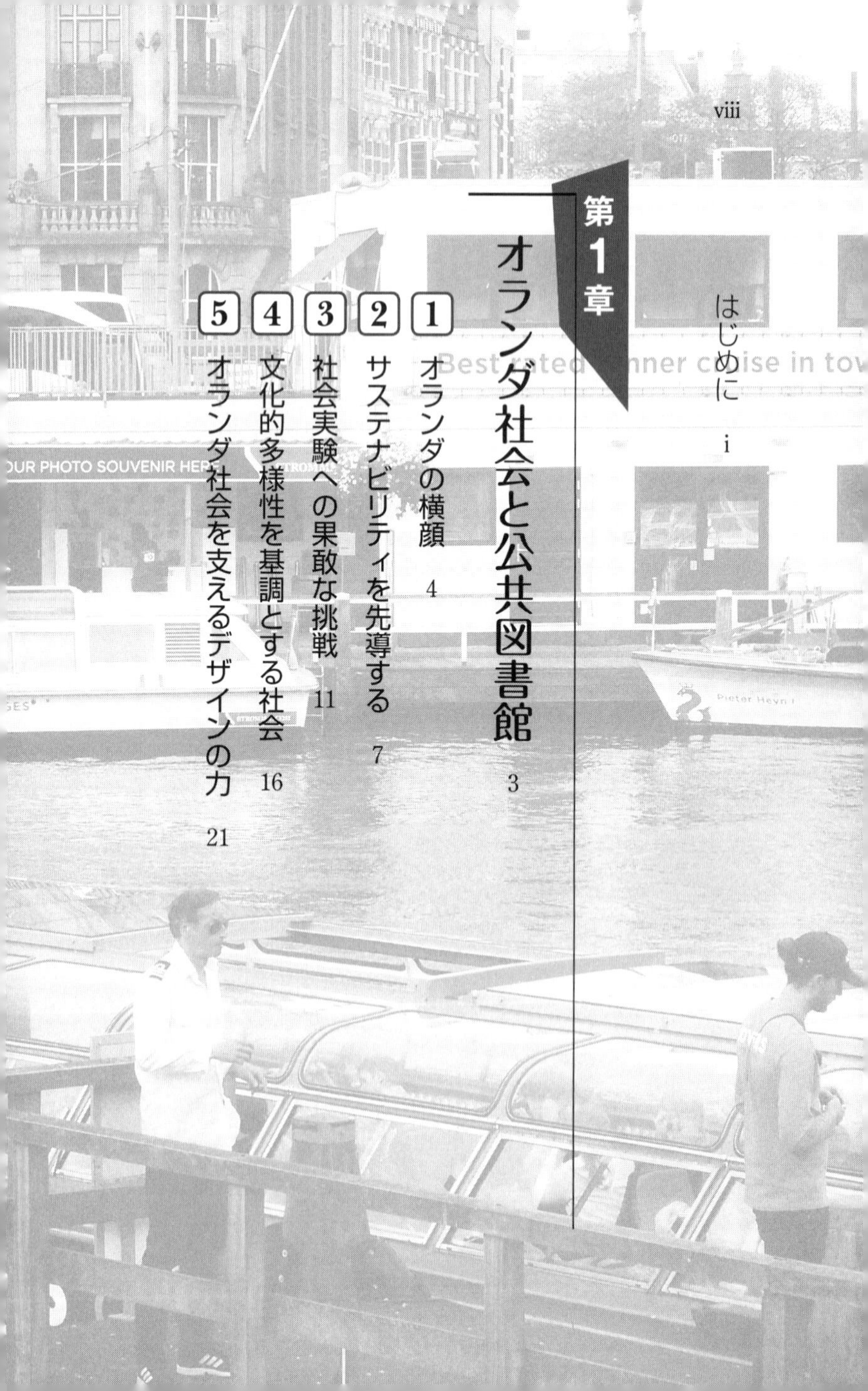

第4章 オランダ公共図書館の利用者と職員 73

第5章 オランダにおける公共図書館という空間 103

読書に集中できる空間が用意された分館
（ファン・ダー・ペック図書館）

オランダ公共図書館の挑戦——サービスを有料にするのはなぜか？

第**1**章

オランダ社会と公共図書館

運河とともに生活してきたオランダの人びと

オランダにある公共図書館の話に入っていく前に、図書館と関連が深い、オランダの文化的な特徴を見ておくことにしたい。言うまでもなく図書館は、情報と知識にアクセスするための文化装置として世界中に存在する普遍的な機関である。と同時に、設置された場所の政治・経済・文化的背景に強く影響を受ける「社会の合わせ鏡」のような空間でもある。だから、オランダ社会の特徴を知っておくと、公共図書館がより理解しやすくなる。

1 オランダの横顔

中世から治水の自治組織をもつ国

オランダの正式名称はオランダ王国（Kingdom of the Netherlands）。国土の面積は約四万二〇〇〇平方キロメートルで、九州とほぼ同じ大きさである。二〇一七年二月現在、約一七〇〇万人が暮らしている。出発前に私がオランダに抱いていたイメージといえば、運河、風車、チューリップといった旅行会社のパンフレットに必ず載っているお決まりの風景であり、オランダ人からお叱りを受けそうなステレオタイプのイメージしかなかった。

それでも、実際にアムステルダムに滞在すると、この街の隅々にまで水路が入り込んでいることには驚いた。大げさではなく、どこを見ても、視界にいつも運河が入ってくるのだ。その運河では船が常に行き交っているし、両岸にはボートハウスが所狭しと並んでいる。

地域ごとの治水を統括している水利管理局（waterschap）は、行政が定める基礎自治体とは異なるオルタナティブな自治組織であり、その起源は中世にまで遡ることができるという。国土の七〇パーセントが海抜ゼロメートル地帯という厳しい条件下にあるオランダでは、日常生活を滞りなく維持していくための創意工夫と努力が重ねられてきた。オランダ人は「堅実にして勤勉、倹約精神に富む」と評されることが多いのだが、それは、このような自然環境の克服と結び付いているものなのだろう。

住宅街の運河にはボートハウスが並ぶ

「柱」に従って生活をしてきた人びと

オランダは、特定の信条が個人の行動に強い影響を与える「柱状化社会（verzuiling）」としても知られている。「柱」となるのは、宗教・思想・政治・文化にかかわる考え方である。それぞれの人は、この「柱」となる信条に沿って特定の組織に所属したり、文化的な選択を行っていた。具体的には、学校、病院、政党、組合、宗派、趣味の団体、年齢別の団体、購読する新聞、ラジオ、テレビなどが「柱」ごとに決まっている。

柱状化社会が完成期を迎えた一九五〇年代には、国民の八〇パーセントを超えていたキリスト教各宗派が「柱」の中心にあり、一九七〇年代までは、宗教的な慣習が社会に大きな影響を与えていた。たとえば、日曜日は安息日なので、家族揃って教会に行く以外は家で静かに過ごし、店舗はすべて閉まっていた。

その後、脱柱状化が進み、キリスト教の信者数も五〇パーセント以下となったが、オランダ社会の成り立ちを理解するうえで、宗派を中心とした柱状社会が重要な概念であることだけは間違いない。もちろん、図書館もこうした特徴に強く影響づけられていた。宗派によって異なる図書館が存在し、一九六〇年代までは、住民は自分の所属する「柱」に合わせて図書館を利用していたのである。

2 サステナビリティを先導する

環境への配慮が最優先課題

　環境問題に対する先進的な取り組みも、オランダの特徴としてよく指摘されている。国連の「環境と開発に関する世界委員会」が「持続可能な発展」の理念を示したのは一九八七年だが、ヨーロッパでは、それ以前からエコロジー運動が社会的に強い支持を得るようになっていた。一九九〇年代以降、エコロジカルな思想はさらに成熟し、今日に至っている。そのなかでもオランダとドイツは、環境問題に関してかなり意識の高い国だと言えるだろう。

　たとえば、オランダでは通勤・通学におけるもっとも主要な移動手段は自転車となっているので、朝と夕方には自転車ラッシュを目にすることになる。北部ヨーロッパでは、大勢の人が自転車に乗って移動するという光景がよく見られ、歩道と車道の間に二輪車専用レーンが設けられている所が多い。だから、ヨーロッパに到着して私が真っ先にすることと言えば、この自転車専用レーンの存在を思い出すことなのだ。

　オランダでのゴミの分別は、一九九〇年代にかなり細分化されていたが、最近はゴミそのものを出さない傾向となっている。手芸好きの人なら、オランダ発祥の編み物素材「ズパゲッティ」

をご存じかもしれない。これは、Tシャツなど衣類の製造のときに必ず出る端切れを糸にしたものである。余り布を使っているため、でき上がった作品は一つとして同じものがない。編み手の個性が現れるズパゲッティ、手芸愛好者の間でちょっとしたブームを巻き起こしている。

アムステルダムの街を歩いていると、「マルクト（Markt）」とか「エコプラザ（EKOPLAZA）」などといったオーガニック製品を専門に取り扱うスーパーマーケットをよく見かける。値段は普通のスーパーマーケットより割高なのだが、このような製品を選ぶ消費者が確実に増えている。

無駄を省くという精神は、時と場所を選ばない。今回初めて搭乗したオランダ航空も、素っ気ないほどサービスが簡略化されていた。席に着いた途端に次から次へといろいろなモノが配られる機上サービスが苦手な私にとっては、放っておかれることがとてもありがたい。そして、ホテルに着くと、そこには見事にまで何もない。

自転車はオランダで最も重要な移動手段

歩道と車道の間にあるのが自転車レーン

高級ホテルにでも泊まれば別なのだろうが、北部ヨーロッパの普通のホテルからは、どんどんモノがなくなっているような印象を受ける。筆記用具もなければ、ティーカップもない。もちろん、アメニティグッズもないので、すべて自分で調達しなければならない。

大抵の場合、ホテルの部屋に置かれたさまざまなグッズ類は、これまで私はほとんど必要とすることがなかった。チェックインすると、まず使わないホテルの備え付けグッズを片っ端から集めて、チェックアウトするときまで部屋の隅に片づけるということを常としてきた私には、「何もない」のは本当にありがたい。何しろ、片づけるモノがそこにないのだから。ないないづくしだと侘しい気持ちになりそうだが、そこにはヨーロッパ特有のエスプリが存在している。

最近、日本のホテルでも、環境問題に配慮するところが多くなっている。宿泊客に協力してもらおうと、タオル掛けの近くに未使用のタオルを洗濯しないで済むよう、注意書きが貼られている

オーガニックショップ「EKOPLAZA」

ホテルの朝食にもオーガニックの食品が並ぶ

ことがある。そこには、たいてい以下のような、ちょっと硬い文章が書かれている。

「当ホテルは環境に配慮しております。お使いになられなかったタオルは、ラックにかけたままにしていただきますようお願い申し上げます。ご協力に感謝いたします」

これがオランダだと、「明日もぜひご一緒したいな。よろしくね」といったような、ぐっとくだけた表現になるのだ。この種のエスプリは、オランダに滞在中、結構いろいろなところで経験したような気がする。クスッと笑いながら、「それならば明日もご一緒に」とタオルを二、三日続けて使ってしまった。

図書館こそ、サステイナブルな施設の代表

できるかぎり環境に配慮し、持続可能な経営を行うことは、二一世紀に活動するすべての組織体の使命となっている。図書館界では、「グリーンライブラリー」を合言葉にサステイナブルな運営を模索し、「サステナビリティ図書館賞」を設けるなどして環境問題に取り組んでいる。

オランダの図書館でも、環境問題への意識や、サステナビリティの精神が館内の随所で見られた。館内で観葉植物をよく目にするのも、環境問題を意識してのことである。図書が並ぶ書架のすぐ近くに植物が置かれているのは、湿気が極度に少なく、害虫の心配をしなくてすむ北部ヨーロッパの気候ならでは光景と言えるだろう。

図書館は、そもそも資料を共有する場所なのだから、その存在自体がサステイナブルであるとも言える。必然的に、十分に利用されて役目を果たし終えたかに見える資料も多くなるのだが、北部ヨーロッパの公共図書館ではそれが廃棄されることはない。さらにリユースされるべく、利用者に安い値段で売却されているのだ。各図書館で行われている「廃棄図書セール」はどこも人気イベントとなっており、普段図書館をまったく利用しない人でも、このイベントにだけは行くという人がいるぐらいである。

3 社会実験への果敢な挑戦

自己決定権と図書館

どちらかと言えば伝統を重視するというイメージのあるオランダだが、ラディカルな政策を打ち出す国としても知られる。ソフトドラッグの使用が一定の条件のもと法的に許可されていること、そして尊厳死が認められていることなどがその例としてよく挙げられる。そこには、自己決定権を重視するというオランダ社会の基本的な価値感が反映している。

自己決定権とは、平たく言えば「自分のことは自分で決める」ということ。よく言われることだが、日本は周りの雰囲気や周囲の状況に合わせて物事が進んでいく社会となっている。決めかねているときでも、知らず知らずのうちに物事が決まっていることも多い。そのせいだろう。ヨーロッパで過ごしていると、自分が決めなければならないことの多さに疲れ果ててしまうことがたびたびある。

オランダは、この「自己決定」が、あらゆる場面でひときわ強く求められる国と言ってよいだろう。そして、そのことが公共図書館の役割と大きくかかわってくる。なぜなら、人が何かを決定するときには情報が必要であり、その情報を提供する機関の一つが公共図書館だからである。オランダの公共図書館が気になっていた理由の一つとして、常に自己決定が求められるオランダ社会において、もっとも身近な公共施設の一つである図書館が住民からどれぐらい頼りにされているのかを確かめたいという思いがあった。

社会実験を真っ先に試みる国

ラディカルな社会政策について少し説明しておこう。オランダは、将来のための社会実験を積極的に実施する国でもある。二〇一七年には、国民が最低限の生活を送るための現金を政府が支給するという「ベーシックインカム制度」を、オランダとフィンランドが実験的に導入するというニュースが世界中を驚かせている。もちろん、ベーシックインカム制度の実験的導入に至るまで、オランダではさまざまな福祉制度や働き方を模索してきた。

オランダが「働き方のモデルをつくる国」として名を馳せたのは、一人の仕事を複数人で分け合う「ワークシェアリング制度」を通してである。パートタイム労働者の多様な働き方と権利を認め、フルタイム労働者との格差を埋めることで労働市場の改革を成功させたのだ。この「オランダモデル」は、新しい働き方のあり方として世界中から注目を集めた。性別を問わず、フルタイムでの勤務を標準モデルとしている北欧諸国に対して、オランダはパートタイムを多く取り入れる勤務形式が特徴となっている。

現在、オランダの就労形態は三種類に分かれている。週三五時間以上働き、週休二日の「フルタイム勤務」、週に二〇時間から三四時間働き、週休三日の「大パートタイム勤務」、そして週一二時間から一九時間働き、週休四日以上とする「小パートタイム勤務」である。各人が、それぞれの生活状況に合わせて就労形態を選んでいるのだが、それを決められるぐらいワークライフバランスへの意識が高いということだろう。

どんな職場でも女性が活躍

一九八〇年代の労働にかかわる諸改革が結実し、オランダは世界一柔軟なワーキングモデルをもつ国となり、他の国々のモデルとなった。このモデルの最大の長所は、労働時間の長短はあるが、女性があらゆる領域で活躍していることである。成田発アムステルダム行きのＫＬＭオランダ航空機に乗り込むと、機長は女性だった。空港からホテルまで乗った大型タクシーの運転手も女性だったし、翌日から何度も使った公共交通機関（バスやトラム）でも女性運転手がたくさん働いていた。

北欧に長く暮らす人が、「仕事での男女の区別はなく、労働現場で考慮されることがあるとすれば、それは体のサイズ」と話していたことを思い出した。たとえば、ノルウェーであれば漁業関係の仕事が多いわけだが、体のサイズによって担当する仕事に違いはあっても、そこに性差による職種の差はない。

実際、北部ヨーロッパの労働市場では、ほぼすべての職種において女性が働いている。だから、語学の教科書において、「あなたの職業は何ですか？」という質問に対して、「私は屋根瓦職人です」と回答する女性が描かれたりしている。このような例は、枚挙にいとまがないほど普通のことなのだ。

オランダ労働市場の一・五人モデル

一九九〇年代には、家庭生活の充実のために設けられている休暇の充実や、フルタイムとパートタイム労働の移動などを取り入れて労働モデルはさらに成熟し、「フレキシキュリティ

（flexicurity）」と呼ばれるようになった。フレキシキュリティとは、「雇用の柔軟性（flexibility）」と「保障（security）」を掛け合わせた言葉で、社会保障を十分に担保しつつ、労働政策を通じて雇用促進を積極的に行う政策のことである。

　そして、一九九九年には「雇用の柔軟性と保障に関する法」、通称「フレキシキュリティ法（Wet Flexibiliteit en Zekerheid: Flexwet）」が成立し、派遣労働者に対して、正規労働者に準ずる保護規定がつくられている。

　オランダでは、フルタイム型のダブルインカムではなく、フルタイム勤務の男性とパートタイム勤務の女性の組み合わせによる「一・五人モデル」が定着した。オランダでは、公的な保育サービス制度は北欧諸国に比べると整備が進んでいるとは言えないが、そもそも子育て中には、フルタイム勤務よりもパートタイム勤務を選ぶ人が男女を問わず多くなっている。

　パートタイム労働者の権利はフルタイム労働者の権利と同等であり、パートタイムとフルタイムの移動が可能であるため、男性でもパートタイム勤務を選ぶ比率が他国に比べて高くなっている。四分の一以上の男性が育児休暇を取得しており、子どもの誕生により、フルタイムからパートタイムに切り替えることが日常的によくある。

4 文化的多様性を基調とする社会

これまでに紹介してきたオランダの社会政策には共通する理念がある。それは、格差・差異の克服である。すべての政策は、社会的格差、経済的格差、文化的格差など社会に存在するさまざまな格差を克服するための手立てとして実施されている。

オランダにおいて乗り越えるべき差異は、物資的なものだけにとどまらない。社会を構成する人間同士の差異や差異を理由とする差別がある場合、あらゆる手段を用いてその解消を試みることがオランダ社会の特徴となっている。だからオランダでは、社会的・文化的マイノリティーへの差別に敏感で、国を挙げて差別解消のための運動に取り組んできた。

多民族国家としてのオランダ

海外に植民地をもつ時代がオランダでは長く続いた。一九四九年にはインドネシアが独立し、一九七五年には南アメリカのスリナムが独立してスリナム共和国となっている。現在、オランダ王国は、オランダとカリブ海に浮かぶアルバ島、キュラソー島、シント・マールテン（セント・マーチン島の南半分）という四つの構成国から成っており、それぞれに「オランダ国王総督」が置かれている。

オランダへの移民が増加したのは、他の北部ヨーロッパの国々と同様に一九五〇年代であった。第二次世界大戦からの復興のために、トルコやモロッコから労働者を移民として受け入れている。一九八〇年代に単純労働のための移民の受け入れは中止されたが、家族の呼び寄せは続いていたため、オランダと異なる文化的背景をもつ人が増え続けた。また、庇護を求める難民数も増加の一途を辿っている。

このような状況に対して、一九八〇年代のオランダでは文化的多様性に寛容な多文化主義政策を取ったが、一九九〇年代に入ってからは、移民・難民がオランダ社会で生活していく場合には自助努力が強く要求される方向へと大きく舵を切った。(1) さらに、二〇〇〇年代に入ってからは、排外主義を掲げ、難民への強い反感を示す政党が国民の支持を集めてきたことも見過ごすことができない。最近では、二〇一七年の下院選挙で、極右政党「自由党」の党首ヘルト・ウィルダース（Geert Wilders）の政権獲得をめぐり、その成り行きがヨーロッパ全土で大きな注目を集めていた。

（1）　久保田幸恵「リベラル・コミュニタリアン論争の視座から見たオランダの多文化主義～ムスリム移民問題に焦点を当てて～」『イスラム世界』85、二〇一六年、一一三～一一四ページを参照。

このときは自由党の政権獲得は阻まれ、右派ポピュリズム化への動きが一時的に歯止めがかかったが、ウィルダースよりも若いティエリー・ボーデ（Thierry Baudet）が率いる新政党である「民主主義フォーラム」が反EU政策を掲げて躍進している。[2]

このような変転がありつつも、オランダ国内には植民地時代に移住した子孫、カリブ海に位置する四つの国およびオランダ特別自治区であるボネール島、シント・ユースタティウス島、サバ島（BES諸島）からの移民、そして一九八〇年代以降に増加した難民など、さまざまな文化的ルーツをもつ人びとが暮らしている。

一つの国家のなかに異なる民族が調和を維持しながら、ともに生活する「多極型民主主義社会」がオランダで維持されている理由として、先ほど述べた「柱状主義」の伝統がかかわっている。分断を強めるように見える「柱」の併存は、実は個々の「柱」が他の「柱」の存在を認めたうえで、さまざまな場面においてお互いに合意形成を行うことによって保たれているからである。[3]

このように多様な民族がともに生きるオランダの図書館で、多様な文化的背景をもつ住民を考慮したサービスが行われていることは言うまでもない。

世界で最初に同性カップルの結婚が認められた国

オランダでは一九九八年に同性パートナーシップ登録がはじまり、二〇〇〇年一二月の同性カップルの婚姻登録に続いて、二〇〇一年四月、世界で最初の同性カップルが結婚式を挙げた。同性愛者の権利を世界に先駆けて認めたこともあり、オランダは性的マイノリティーであるLGBTに寛容な国である。

街を歩いていると、「レインボーフラッグ」と呼ばれる、LGBTであることの誇りを象徴する旗が掲げられている様子をよく見かける。カフェやレストランのレインボーフラッグは、LGBTにとってフレンドリーな店の目印となっている。しかもオランダでは、飲食店だけではなく、美容院でも、住宅街でも、ガソリンスタンドでもこのレインボーフラッグがはためいているのだ。

（2）「グローバル Views」『日本経済新聞』二〇一八年四月二七日付夕刊を参照。
（3）田中（斎藤）理恵子「「オランダモデル」の文化的背景―合意と共存のコミュニティ形成」『社学研論集社学研論集』早稲田大学大学院 社会科学研究科5、二〇〇五年、一～一四ページを参照。

LGBT資料の展示会へと誘う館内表示（アムステルダム中央図書館）

LGBTにフレンドリーな美容院。入り口付近に下がっているのがレインボーフラッグ

アムステルダム中央図書館（Openbare Bibliotheek Amsterdam, Centrale Bibliotheek: OBA）の三階には、ヨーロッパで最大級のＬＧＢＴアーカイブである「国際ゲイ・レズビアン・情報センターアーカイブ（Internationaal Homo/Lesbisch Informatiecentrum en Archief: IHLIA）がある。資料が置かれたスペース一帯は「ＩＨＬＩＡ広場」と名付けられ、ＬＧＢＴにかかわるさまざまな貴重資料が自由に閲覧できるだけでなく、専門職員から高度な情報サービスを受けることができる。ＩＨＬＩＡ広場では、ＬＧＢＴ関係資料の展示会やイベントも頻繁に行われている。

公共図書館は、すべての住民を包み込む場所である。個人の社会的・文化的ステイタスは図書館利用の資格とは無関係だし、さらに言えば、図書館利用者としては誰もが平等な立場にある。それを踏まえて、国際図書館連盟（International Federation of Library Associations and Institutions: IFLA）は二〇一三年にフランスのリヨンで「情報アクセスと開発のためのリヨン宣言（Lyon Declaration on Access to Information and Development）」を世界に向けて発表した(4)。この宣言は、図書館がマイノリティー・グループにエンパワーメントと教育の機会を提供し、マイノリティーをめぐる社会的不平等を軽減するために存在していることを改めて図書館界が確認する契機となった。オランダ公共図書館も、この宣言に込められた精神を図書館サービスの中心に置いている。

5 オランダ社会を支えるデザインの力

ダッチ・デザイン（Dutch Design）

図書館にかかわるオランダの特徴として最後に触れておきたいのは、「ダッチ・デザイン」と呼ばれるオランダ独自のデザイン様式である。デザイン大国オランダでは、ダッチ・デザインを経験するために美術館に行く必要はない。ダッチ・デザインは、大きいものは建築や家具など、小さいものであれば雑貨やパンフレット、さらには印刷物のなかに書かれた文字まで、見渡せばさまざまなところに存在している。

身近なダッチ・デザインを紹介するために、ここでは公共交通機関を例に挙げてみよう。首都アムステルダムは、電車、地下鉄、バスと水上バス、トラムの路線が街の縦横に張りめぐらされていて、これらの公共交通機関を利用すればどんな場所にも行くことができる。電車などの乗り物、プラットフォームの案内板、自動改札用カードの「オーフェイ・チップカールト（OV-

---

（4）リヨン宣言の全文は以下を参照。Lyon Declaration on Access to Information and Development（IFLA）http://www.lyondeclaration.org/content/pages/lyon-declaration.pdf

chipkaart)」まで、統一感のあるデザインが目を引く。これがダッチ・デザインの典型的な例と言えるだろう。分かりやすさが何よりも求められる公共デザインに、ダッチ・デザインはもってこいなのだ。

そして、ただ「分かりやすい」だけで終わらせないのがオランダ流。デザインにラディカルな精神もときどき顔を出している。建物の柱が斜めに入り、それが天井を突き抜けていたり、建物の一部屋分がまるごとほかの壁面とは異なり、バルコニーのように飛び出している住居など、見ていてワクワクしてくるようなデザインを街中でたくさん見かける。オランダという国が建築家やアーティストを魅了してやまない理由が、街を散歩しているだけでもよく分かる。

図書館のダッチ・デザイン

もちろん、図書館はダッチ・デザインの宝庫である。館内の色使い、什器《じゅうき》の仕様、テキスタイルにそれが現れている。すべての床や壁が赤や緑の原色でペイントされている図書館もめずらしくない。普通、そんな色の使い方をすれば、派手を通り越して落ち着かない空間になってしまいそうだが、なぜかそんな原色の色使いがしっくり「腑に落ちる」形で、公共空間としての着地点を見いだしている。これが、ダッチ・デザインの真の実力なのだろう。

図書館のイメージ戦略

　ダッチ・デザインといえば、私が驚き、強く惹かれたのはアムステルダム公共図書館のシンボルイメージである。アムステルダム公共図書館は、オランダ語では「Openbare Bibliotheek Amsterdam」と言う。その頭文字をとって、ニックネームは「ＯＢＡ」となり、住民からは親しみを込めて「オーバー」と呼ばれている。

　シンボルイメージは白と赤の二色からなるが、なんと三番目の頭文字「a」が横向きに倒れているのだ。パンフレットなどの印刷物でも、通りに出されている看板でも「a」が倒れている。さらに、このイメージカラーは什器にも使われている。人びとの意識のなかに、ＯＢＡというニックネームと横向きに寝た文字、そして白と赤と黒のカラーが記憶されるようになっている。

図書館のダッチ・デザイン。広報のためのポストカード（左）とユニークな形状の書架（右）

ある図書館に行ったときのことだが、成人の閲覧コーナーに置いてある閲覧デスクの椅子がシンボルカラーの白と赤で統一されていた。ダッチ・デザインは、美しくて、見ていて楽しい気持ちになるだけではない。どんな人にも認識しやすいユニバーサルデザインになっている点がポイントである。

公共図書館は「ユニバーサルデザインの宝庫」とも呼べる施設である。というのも、図書館ではあらゆる人びとを受け入れるなかで、利用者のニーズに合わせて、図書館内の施設や資料アクセスに用いられる機器などを調整してきた歴史をもつからである。そうした環境づくりの根底には、図書館やメディア利用にかかわる困難を、利用者側の問題ではなく、図書館側の問題として受け止めサービスを提供するという図書館の理念がある。

aが横向き（アムステルダム中央図書館）

ここまで述べてきたサステナビリティの追求、社会実験の果敢な挑戦、文化的差異にかかわる寛容性、飛び抜けて魅力的な公共デザインといったオランダの特徴は、どれも公共図書館のあり方に強く投影されている。その例を次章から見ていくことにする。

第2章

オランダ公共図書館の制度

デン・ハーグにある王立図書館（Koninklijke Bibliotheek）

実際の図書館の紹介に移る前に、本章ではオランダの公共図書館について概観しておきたい。というのも、オランダの公共図書館は会費制の導入とサービスの有料化、民間財団による経営など、ほかの国ではほとんど見ることのできないユニークな制度を取っているので、そうした特徴を押さえて図書館を見ていく必要があるからだ。

1 オランダ公共図書館の歩み

ヨーロッパの多くの国がそうであるように、オランダも公共図書館の起源は、教会付属の図書室や有志のメンバーからなる読書サークルが自主的につくった読書室である。一九世紀の初めにドルトレヒト（Dordrecht）、フローニンゲン（Groningen）、レーワルデン（Leeuwarden）、デン・ハーグ（Den Haag）、ロッテルダム（Rotterdam）、ユトレヒト（Utrecht）などに読書室が現れ、同世紀の終わりごろまでに国全体で一〇〇か所ぐらいの読書室ができた。

その後、これらのなかの主要な図書室が、カトリック系の公共図書館、プロテスタント系の公共図書館、地域の公共図書館という三つの系統に分かれて発展していった。図書館の世界にも、すでに述べたオランダ社会の「柱状化」がそのまま適用されていたのである。つまり、特定の信条に合致した「柱」ごとに利用すべき図書館が決まっており、住民は自分の所属する「柱」の傘下にある図書館を利用していた。

これらの図書館は、一九六〇年代までまったく交わることなく運営され続けた。そして、いずれの図書館であっても、運営者の設置意図は読書を通じた教化にあり、娯楽図書を求める一般庶民のニーズとはまったく合っていなかった。

当時の公共図書館は、政府の補助金を得て運営資金に組み入れていたが、もともと私的な団体を母体としていることもあり、ほとんどの公共図書館は会員制をとり、会員から徴収した会費を主たる運営費に充てていた。オランダ公共図書館は世界でも稀に見る有料会員制度をもっているわけだが、その仕組みは会員制図書館として誕生し、発展を遂げたという歴史の上に成り立っている。

公共図書館数は、一九二〇年には約七〇館、一九四〇年に約一二〇館、一九六〇年には約四二〇館、そして一九八〇年には約九三〇館へと順調に増え続けた。さらに、二〇〇〇年には約一〇七〇館となり、ピークを迎えた。しかし、図書館再編の動きのなかで小さな分館が統合され、二〇一〇年にはおよそ九〇〇館へと減少している。

2 オランダ公共図書館の運営

公共図書館の仕組み

オランダの行政区分は、広域自治体である州（Provincie）と基礎自治体へメーンテ（Gemeente）の二階層からなっている。二〇一八年現在、州が一二、へメーンテが三八〇ある。基礎自治体は規模の大きさに関係なくすべて「へメーンテ」と呼称され、日本の市町村のような区別はない。公共図書館の運営責任は基礎自治体がもち、基本的なサービスを実施している。一方、国と州は、基礎自治体の図書館予算では賄いきれない特別な図書館サービスに関して財政的・運営面での支援を行い、図書館サービスを補強する役割を果たしている。

オランダ第三の都市デン・ハーグにある王立図書館は、伝統的に公共図書館の全国的なネットワークの構築を主導してきた（本章トビラ写真参照）。また、図書館の専門職に対する研修や、図書館関係の情報を集約して各図書館に提供するという仕事を担当してきた。

近年は、オランダ全土のデジタル資料の統括と、通常の活字資料へのアクセスが困難な利用者のための資料整備も重要な任務となっている。王立図書館と基礎自治体の図書館の中間には「州支援機関（provinciale ondersteuningsinstelling）」が置かれ、基礎自治体の図書館運営をサポートしている。

二〇一七年現在、ヘメーンテに一五三の図書館運営組織が存在している。「図書館運営組織」と書いたのは、オランダのほとんどの公共図書館はヘメーンテの直営ではなく、自治体から運営を委譲された非営利財団によって運営されているからである。財団は個々の自治体ごとに設けられるわけではないため、図書館運営組織の数は自治体の数より少ない。(1)

「はじめに」で述べたように、オランダでは図書館への登録は有料となっている。のちほどそのシステムについては詳しく説明するが、登録者は、ピークとなる一九九四年には全体で三〇パーセントに達したが、二〇一五年には二二パーセントほどに落ち込んでいる。ちなみに、登録者の約六〇パーセントが子どもである。一八歳未満の子どもは無料で登録できるため、子どもの登録率が高くなっている。

（1）　永田治樹は「新しい公共経営（New Public Management: NPM）」を射程に入れた公共図書館の政策を、①市場モデルを重視するアングロサクソン型、②社会負担を重視する北欧型、③部分的な受益者負担を考慮する大陸型、の三つに分けたうえで、オランダの公共図書館を大陸型の代表として取り上げ検討している。そして、オランダの公共図書館が非営利団体の運営によって自由度の高い活動を実現していること、公的資金の不足分を自己調達していることを指摘している。（永田治樹「公共図書館サービスの再検討：公共経営改革のもとで」『ST. Paul Librarian』28、二〇一四年、一一～一二ページ。

　ここで、実際の図書館制度をアムステルダムの図書館ネットワークを例に挙げて説明していこう。中央館は、文字通り各自治体の中心的な図書館で、地域内に複数設けられた分館を束ねる役割をもっている。人口が約八二万人（二〇一七年現在）となるアムステルダムの場合、二五館の分館がある。公共図書館の役割は、すべての住民が文化と情報にアクセスできるようにすることだから、これを実現するためには分館の存在がとても重要となる。

　ほとんどの分館は規模が小さいため専有の施設はもたず、建物の一角を間借りしている。最近は、人が集まる所に分館を設置する傾向にあり、アムステルダムの場合は、複数の分館がショッピングセンターの中に設置されている。たとえば、バンネ図書館（OBA Banne）は郊外に位置するバンネ・ショッピングセンターの中にあって、地域のコミュニティーセンターに併設されている。

　分館よりもさらに小さな規模の図書館もあり、「配本所」とか「サービスポイント」と呼ばれている。公共施設の一角を借りた図書コーナーであったり、駅構内の図書館コーナー、そのほかの

ショッピングモール（右）とモール内の地域センターに併設されたバンネ図書館（左）

図１　アムステルダム公共図書館マップ

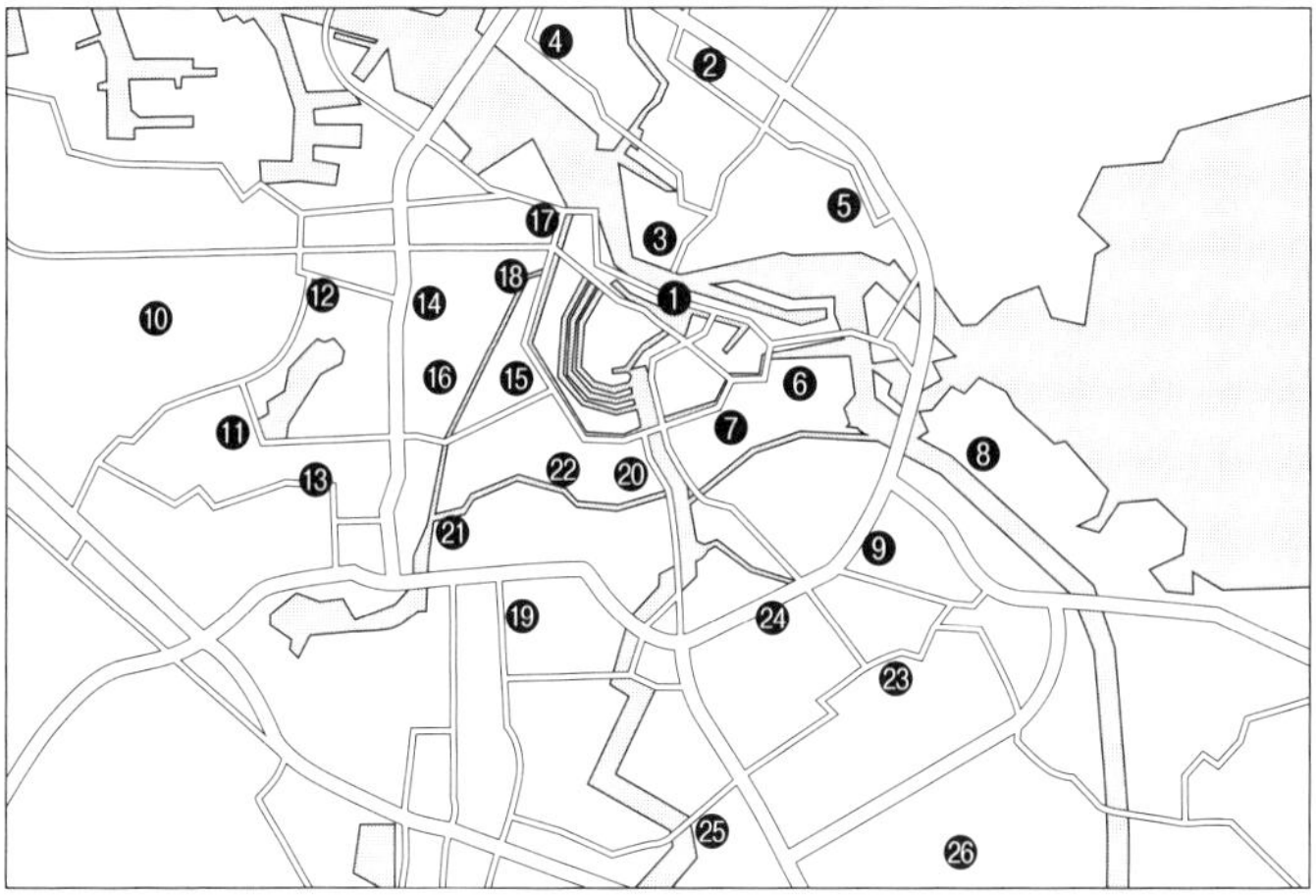

❶　アムステルダム中央図書館
❷　バンネ図書館
❸　ファン・デル・ペック図書館
❹　モーレンウェイク図書館
❺　ワーテルランドプレイン図書館
❻　ヤヴァプレイン図書館
❼　リンネウス図書館
❽　アイブルフ図書館
❾　ディメーン図書館
❿　ヒューゼンフェルト図書館
⓫　オスドルプ図書館
⓬　スローテルメール図書館
⓭　スローテルファールト図書館
⓮　ボス・エン・ロンメル図書館
⓯　デ・ハーレン図書館
⓰　メルカトルプレイン図書館
⓱　スパールンダンメルビュート図書館
⓲　スターツリーデンビュート図書館
⓳　バイテンフェルデルト図書館
⓴　シネトル図書館
㉑　オリンピシュ・クヴァルティル図書館
㉒　ルーロフス・ハートプレイン図書館
㉓　ベイルメールプレイン図書館
㉔　ダウフェンドレヒト図書館
㉕　アウダーケルク図書館
㉖　ライゲルスボス図書館

（出典：アムステルダム公共図書館広報誌、2017年７月号 p. 12）

場所に設置された図書館のミニ・サービスコーナー、地域の教育センターの一角を借りた図書館など、さまざまな場所で図書館の資料にアクセスができるようになっている。

アムステルダムには、こうした配本所が一一か所ある。多くの場合、年に二回ほど入れ替えられる本が五〇〇冊、そして新聞・雑誌が置いてあるほか、閲覧するためのテーブルが設置されている。

資金調達は最重要課題

公共図書館は、原則として自治体の予算を中心にして州や国の補助金によって運営されている。しかし、オランダの場合、自治体に運営を委譲された図書館運営組織である財団自身の収入がおよそ一五パーセント占めていることが大きな特徴となっている。主たる収入源は、利用者の年会費と延滞料であり、財団の収入を増やすことが常に求められる。

国の文化予算のカットは、オランダでも切実な問題となっている。図書館職員の最大の悩みは図書館予算が年々削減されていくことであり、どの図書館に聞いても、真っ先に予算が運営課題の筆頭に挙がってくる。オランダの場合、利用者を増やすことが予算を増やすもっとも現実的かつ確実な方策なので、図書館員は日々会員の獲得に向けて知恵を絞っている。

とくに、二〇一〇年代に入ってからのオランダ経済の悪化が文化予算の二〇パーセントの削減につながり、図書館にもかなりのダメージを与えた。図書館運営費の削減のみならず、各地で図書館の閉館が相次いだ。そして、二〇一七年七月二八日には、オンライン新聞〈*NL Times*〉(2)で三〇〇館もの公共図書館の閉館が報じられ、人びとを驚かせた。

もっとも、記事の書き方が大げさすぎるという見方もある。先にも述べたように、オランダの公共図書館の多くは町の読書室からはじまっている。アムステルダムのような人口密集地にはかつてたくさんの読書室があり、それがそのまま小さな公共図書館として定着していった。しかし、これらの小規模な図書館をすべて地域の分館として行政予算で維持していくことが困難となり、閉鎖されていった。

このような理由もあって、「図書館への予算配分の減少＝図書館の閉館」と解釈するのは短絡的なのだが、ごく普通の分館が閉館してしまうことは、やはり地域住民にとっては大きな打撃となることは間違いないだろう。

規模の大きい図書館も予算の減少に悩んでいる（アルメレ新図書館）

(2) *NL Times*, 2017/7/28, http://nltimes.nl/2017/07/28/municipal-budget-cuts-close-nearly-300-dutch-libraries-report

他機関との緊密な連携によって地域をよくする

公共図書館の司書に図書館の仕事について尋ねると、必ずといってもいいほど「地域住民の生活をより良くしていくこと」という答えが返ってくる。公共図書館が、社会福祉の文化的な部分を支えるための機関として捉えられているからである。住民の暮らしをより良いものにしていくことは、当然のことながら図書館だけでは達成できない。そのため図書館は、地域の諸団体と密接に連携している。

そのパートナーとして教育機関、文化機関、社会福祉機関が挙げられるが、もっとも緊密な連携関係にあるのが小学校・中学校である。そのほか、成人教育組織とのつながりも強い。また、移民に対して行われている語学教育に関して、図書館は語学学校と協力関係を結び、図書館で語学学校の補習的な学習ができるようにもしている。さらに、デイケアセンターやファミリーサポートセンターなどといった福祉施設とのつながりも重視されている。

図書館との連携を結んでいる関係者からは、「図書館は私たちの活動の重要なパートナーで、可能なかぎり情報を共有しています」とか「図書館は独立した自律的な場所なので活動がしやすい」などといった好意的な評価が示された。そして、幼児教育の関係者からは、「図書館のプログラムが、保育園と家庭での子どもたちへの読書教育をサポートしてくれていてありがたい」とか「図書館での読み聞かせが言語教育にかなり貢献している」といった声があり、図書館との連携はいずれの組織からも歓迎されていることが分かる。

非営利財団が運営するオランダ公共図書館

　図書館の設置および運営の責任主体は基礎自治体にあり、前述したように、実際の図書館運営は、ほとんどの場合、非営利組織である民間財団が担っている。たとえば、アムステルダム公共図書館の運営は「アムステルダム公共図書館財団（De Stichting Openbare Bibliotheek Amsterdam）」というところが行っている。

「はじめに」で述べたように、世界の近代公共図書館は「無料」「公開性」「自治体による直接運営」という三つの理念を基盤として運営されている。最初の二つの原則は、文字通り公共図書館の「公共性」にかかわる原則であり、ほぼ例外なく守られてきた。しかし、全世界で進行する新自由主義の影響によって市場主導型の文化政策が強まるなか、自治体による直接運営を旨としてきた図書館の原則を転換して、部分的に運営を民営に切り替える動きが進行している。その結果、「自治体による直接運営」という原則が揺らいでいる。

　ただし、オランダの事情は少し異なる。オランダにおける図書館運営の外部組織への委譲は、ニューパブリックマネージメント（NPM）や新自由主義の理念の導入以前に遡るからである。「柱状化社会」と呼ばれるオランダでは、通常、公的サービスと考えられるサービス全般が民間の非営利団体によって提供されてきた。とりわけ、福祉医療サービスにおいてその傾向が顕著である。[3] 国や自治体の補助金を受けている病院、保険福祉団体、高齢者ケア施設などを運営している組織は民間団体が多い。

民間非営利団体による公共サービスの提供はオランダの社会制度の基調であり、図書館も例外ではない。もちろん、オランダ公共図書館を運営する財団が、ニューパブリックマネージメント（NPM）の理念である「結果の重視」「競争原理の導入」「効率主義」「顧客満足度」などの考え方を取り入れていることは言うまでもない。ほかの国と異なる点は、オランダでは元々自治体以外の組織が公共図書館を運営してきたという歴史的経緯なのだ。

3 公共図書館にかかわる法制度

一九七五年の公共図書館法

ここからは、オランダ公共図書館にかかわる法制度を見ていくことにする。第二次世界大戦後、オランダの「公共図書館法（Wet op het openbare bibliotheek werk）」は一九七五年に成立し、一九八七年まで発効されていた。同法は、すべての自治体による独自の公共図書館設置計画を義務づけ、図書館数、資料数、会員数の増加に貢献した。

その後、一九八〇年代から進行した地方分権の理念に基づき、一九八七年に「社会福祉法(Welzijnswet)」が成立し、公共図書館は地方自治体の管轄下に置かれた。同法は、青少年へのサービスと、図書館のネットワークや運営管理体制を規定した。

公共図書館を定める法的枠組みが、図書館の「単独法」から一九八七年に「社会福祉法」に置き換わったことに関して、図書館界では危機意識が強まった。そのようななかで、オランダ図書館協会(Nederlands Bibliotheek en Lektuur Centrum: NBLC)は、一九九〇年に公共図書館の理念や機能を定めた「公共図書館憲章(Statuut voor de openbare bibliotheek)」を採択し、公共図書館の公開制と公共性の理念を改めて示した。

憲章は全部で一五条から構成されており、コレクション、アクセス、ネットワーク、立法、専門職、利用者、国際的なトピックに言及している。そして、表現の自由や情報・文化へのアクセ

---

(3) オランダの民間財団による福祉事業は日本でも注目されている。たとえば、地域の看護師による在宅ケア組織「ビュートゾルフ(Buurtzorg)」は、地域包括ケアシステムの優れたモデルとして日本に紹介されている。(堀田聰子「座談会 オランダ Buurtzorg(ビュートゾルフ)のインパクト：患者・利用者中心の新たな在宅ケア提供モデル(特集 海外の在宅ケアに学びたい)大野更紗・秋山正子・堀田聰子」『訪問看護と介護』17(11)、二〇一二年、九四二〜九五一ページ)

スに関する基本的な権利を保障する機関として、公共図書館の基本的な性格を明確にしている。子どもに対する図書館サービスの無料原則を明記した第4条と、公共図書館の公開制と公共性に言及した第5条はとくに重要な条文となっている。

その後、公共図書館の法的な枠組みは、一九九三年に成立した「特定文化政策法（Wet op het specifiek cultuurbeleid）」で規定された。同法では、それまで例外的に貸出を無料としてきた一八歳未満の利用者への課金が地方自治体の裁量によって可能であることが定められた。ただし、その料金は、一八歳以上の利用者の半額とされた。それ以外にも、地方自治体、州、国レベルでの公共図書館の連携に言及している。

二〇一四年の公共図書館サービス法

二〇一四年に「公共図書館サービス法（Wet stelsel openbare bibliotheekvoorzieningen: Wsob）」が定められ、一一月一九日に施行された。約四〇年ぶりに定められた、国としての図書館にかかわる法律の概要をまとめると以下のようになる。

❶第1条から第3条：同法にかかわる基本概念と適用範囲の規定
❷第4条：図書館の公共的価値
❸第5条：図書館の機能

❹第６条：国、州、自治体の連携による図書館ネットワークおよびその業務内容
❺第７条から第11条：王立図書館の公共図書館サービスにかかわる責務
❻第12条から第14条：会員・会費・デジタルライブラリーの料金にかかわる項目
❼第15条：図書館館相互貸借にかかわる自治体図書館および州支援機関の責務
❽第16条：公共図書館のサービスを進展させるための州支援機関の役割
❾第17条と第18条：デジタルライブラリーおよびデジタル著作物と王立図書館の役割
❿第19条から第23条：自治体図書館への補助金にかかわる業務

「公共図書館サービス法」には、公共図書館サービスにかかわる地方自治体、州、国がそれぞれに責任をもつ業務と連携により達成する業務が明示されている。とりわけ王立図書館は、公共図書館のサービスを統括することが明記され、人材育成、デジタルライブラリーの維持管理、障碍者のための図書館サービスのほか、資料収集計画においては自治体の図書館を先導する立場であることが明らかにされている。

ここでは、オランダ公共図書館に特徴的な条項に着目したい。それは、図書館の公共的価値と機能を示した条項、そして図書館サービスの会員制度に言及する条項である。これらの内容はオランダ公共図書館の存在意義や目的、運営理念を明示し、他国の図書館法には見いだせない極め

てユニークな特徴であるからだ。

まず第4条では、図書館の公共的価値を「独立性、信頼性、アクセス可能性、多様性、公正性」と定め、この価値に基づいて図書館の任務を遂行するとしている。ここに示された五つの価値観はオランダにかぎらず公共図書館サービスがもつ普遍的なものであるが、法律に、価値にかかわる文言を盛り込んだところが興味深い。

最後の「公正性（authenticiteit《オーセンティック》）」は邦訳しにくい単語なのだが、オーセンティックとは「本物の、正統な、信頼できる」といった意味をもち、アメリカでも「オーセンティックなメディアとしての図書館」などといった表現で、図書館の特徴を表す形容詞としてよく見かけるものである。実のところ、公共図書館の価値を表現するのに、これほど適切な言葉はないだろう。反対語、たとえば「フェイク」を思い浮かべてみれば、図書館の特徴が浮かび上がってくる。

そして、第5条では次の五つを図書館の機能として挙げている。

❶知識と情報の提供
❷成長と教育機会の提供
❸読書振興と文学的知識向上
❹集会および議論の場の提供
❺芸術および文化への接触機会の提供

とりわけ重要なのは、この条文の最初に「すべての人びとの社会的機会を向上させるために公共図書館のサービスが存在すること」が明言されている点である。また、会員について言及した第1条2項、第12条、第13条は、公共図書館サービス法のもっとも特徴的な点と言える。

まず、第1条2項で「公共図書館サービスの会員とは、公共図書館サービスに登録している利用者のことを意味する」としたうえで、第12条第1項では、図書館の会員の条件について、住民登録されている住民あるいは住民票所持者としている。ついで第3項で、会員となった者は、紙媒体の書籍を居住地の公共図書館で、電子書籍は全国デジタルライブラリーを通じて利用できると明示している。

続く第13条は、自治体の図書館における未成年の会費免除について定めた条項である。この条項では、一八歳未満の利用者は原則として資料の貸出と電子書籍へのアクセスが無料であることが定められている。ただし、自治体の長もしくは議員、あるいは行政機関が請求を要請した場合は、課金することが可能であることも示されている。なお、請求される金額は、一八歳以上の利用者が支払う会費の半分を上限としている。

公共図書館サービス法に、サービスへの課金に対して直接の言及があるわけではない。しかし、図書館が会員制を取ること、会員が紙媒体の書籍と電子書籍を利用できること、そして一八歳未満の利用者の貸出に対して金銭的な負担が発生しないことを合わせて解釈することで、成人への貸出サービスに対する有料化を認めるものとなっている。

公共図書館の貸出による作家の損失を補償する「公共貸与権」

公共図書館にかかわるその他の法制度として「公共貸与権」がある。「公共貸与権」とは、公共図書館が住民に図書を無料で貸し出すことによって生じる損失を作家に還元するための法的制度である。住民の公共図書館の利用率が高く、図書館での図書の貸借が売り上げに影響を与えることを前提としている。

一九四六年に世界で初めて「公共貸与権」を導入したのはデンマークであるが、同国における公共図書館利用が世界の中でもひときわ高いことを示す証拠となる。[4]

そして、デンマークに続いて北欧諸国で公共貸与権が次々に採択されたわけだが、その成立理由はこれらの国々の図書館利用率が高いことだけにとどまらない。実

落ち着いて読書に打ち込める閲覧室（ベイルメールプレイン図書館）

は、公共貸与権制度は、作家の経済的な権利を保障することだけを目的としているのではなく、少数話者言語を保護する文化政策という側面をもっている。そのため北欧諸国では、補償金の支払い対象は自国の言語の著作物に限定されている。

補償金額の決定方法はさまざまであるが、オランダでは公共図書館の貸出冊数に依拠して補償額を定めている。オランダで公共貸与権制度（leenrecht）が採択されたのは一九七一年であり、著作権法（Auteurswet）のなかで規定されている。(5)

オランダ公共図書館が会費を取り、図書館サービスを有料化していることは、前述したように図書館の歴史と深くかかわっている。それゆえ、図書館サービスが有料であるという実態だけを取り上げて、公共図書館の理念と合っていないことを安易に批判することはできない。次章では、オランダ公共図書館がなぜサービスを有料化するのか、その歴史的経緯や実際の仕組みを見ていくことにする。

(4) 吉田右子『デンマークのにぎやかな公共図書館：平等・共有・セルフヘルプを実現する場所』新評論、二〇一〇年、一八九～一九二ページ参照。

(5) 稲垣行子『公立図書館の無料原則と公貸権制度』日本評論社、二〇一六年、三六四～三六六ページ。組原洋「EUの中のオランダの公共図書館」『沖縄大学法経学部紀要』4、二〇〇四年、二一～三六ページ。

第3章

オランダ
公共図書館のサービス

公共図書館では、無料で気軽にアートに触れることができる(スタッズプレイン図書館)

近代公共図書館は「無料」「公開性」「自治体による直接運営」という三つの理念を基盤としてきた。なかでも、「無料」という原則は基本的人権と情報アクセスの保障の関係からもっとも重視され、ほとんどの国では、住民はいったん図書館に登録すれば無料で図書館の資料を借りて館外に持ち出せるようになっている。しかし、貸出サービスを有料化する国もあり、オランダがその一つとなっている。図書館での閲覧には料金はかからないが、資料の貸借は会費を支払った会員のみに許されている。(1)

1 有料制となっている会員制度

なぜ、図書館を使うのにお金がかかるのか

オランダでは、図書館から本を借りるのになぜお金がかかるのだろうか。オランダで公共図書館制度が確立したのは二〇世紀初頭であるが、各地域の当時の図書館は自治体の公的機関としてではなく、共同体の私的な読書施設であった。私設機関であるため、その趣旨に賛同する有志のメンバーによって読書施設は運営され、運営経費もまたメンバーが出し合うというのが普通であった。

その後も、政府や自治体の補助を受けながらも、自律的な公共図書館運営が会員制度を基盤にして継承され、今日の公共図書館に至っている。つまり、オランダは公共図書館ができたときから現在まで、継続して会員制を保持してきた。無料で運営されてきた施設が課金をするようになったのではなく、最初から会費制の組織だったのだ。

会員になるための会費が必要であったが、学びたい人に開かれていたという点では、地域における公共の図書館であったと言える。つまりオランダでは、「会員制の図書館」が公共図書館のメインストリームなのだ。他の国と比較してしまうとオランダが公共図書館の原則から逸脱しているように見えるかもしれない。だが、オランダの人にとっては、会員制・会費制図書館が公共図書館なのである。つまり、オランダでは「公共＝公立」とはなっていない。公共という概念は、「公」よりも「私」に近い場所に存在しているのだ。

(1)　図書館での課金については、以下の文献で詳細に検討されている。岸本岳文「公立図書館における「無料の原則」」塩見昇・山口源治郎編著『新図書館法と現代の図書館』日本図書館協会、二〇〇九年、一八七～二〇〇ページ。川崎良孝「英米における無料原則の由来と動向」塩見昇・山口源治郎編著『新図書館法と現代の図書館』日本図書館協会、二〇〇九年、三一二～三三一ページ。稲垣行子『公立図書館の無料原則と公貸権制度』日本評論社、二〇一六年、二〇五～二二三ページ。鈴木宏宗・渡邉斉志「図書館サービスへの課金」田村俊作・小川俊彦編『公共図書館の論点整理』勁草書房、二〇〇八年、五九～八三ページ。

いろいろな会員種別がある

会員制度の説明に入ろう。アムステルダム公共図書館を例にとると、会員の証明となる子ども用のカード一種類と、大人用として「ベーシック・カード」「フレンド・カード」「コンピュータ・カード」「トータル・カード」の四種類が用意されている。もちろん、誰でもつくることができるが、身分証明書と住所の確認が必要となる。

そして、重要となるポイントが、子ども用のカード発行に関しては無料であるということ。ただ、一四歳以下の子どもが会員になるときには、保護者の承諾が必要となっている。ちなみに、子ども用のカードで借りられるのは、児童コーナーやティーンエイジャーコーナーに置いてある資料だけである。

たとえば、子どもが学校の宿題をするために大人向けの図書を借りる必要が生じたときには、司書にそのことを伝えたうえで借り出しを受けることになっている。このような煩雑なプロセスが必要な理由は、保護者が子ども用の無料カードを使って、会費を払わずに図書を借り出してしまうことを防ぐためである。各カードの年会費と特典をまとめると**表1**のようになる。

ここでは、アムステルダム公共図書館の例を示したが、実は、この料金は図書館によって異なっている。この仕組みを説明してくれた司書は、「アムステルダムは安いほうです。私の母が住んでいるドイツとの国境近くの町では、大人用のカードをつくるのにアムステルダムの二倍ぐら

表１　アムステルダム公共図書館の会員制度

会員種別（年会費）	特　典
ジュニア（０歳から18歳まで無料）＊	１回に５点まで借りられる。年間制限冊数なし。 電子書籍：１回に10点。年間制限点数なし 予約：１点につき0.5ユーロ（約65円） Wi-Fi：制限なし PC：分館１時間、中央図書館３時間 プログラム参加料：半額。ただし、連続講座は含まれず
ベーシック 32ユーロ（約4160円）67歳以上22ユーロ（約2860円）	１回５点まで。年間制限点数50点。 ＊50点を超えたら１点につき0.5ユーロ 電子書籍：１年に６点 予約：１点につき0.5ユーロ Wi-Fi：制限なし PC：分館１時間、中央図書館３時間 プログラム参加料：半額。ただし、連続講座は含まれず
トータル 42ユーロ（約5460円）19歳から25歳は22ユーロ	１回10点まで。年間制限点数なし 電子書籍：１回に10点。年間制限点数なし 予約：10点まで無料 ＊10点を超えたら１点につき0.5ユーロ Wi-Fi：制限なし PC：分館１時間、中央図書館３時間 プログラム参加料：半額。ただし、連続講座は含まれず
PC 12ユーロ（約1560円）	Wi-Fi と PC 利用のみの会員 Wi-Fi：制限なし PC：分館１時間、中央図書館３時間 ネットワーク：セキュリティあり 印刷：PC から可能 プログラム参加料：半額。ただし、連続講座は含まれず ＊非会員でも、30分1ユーロで館内の PC 利用可能
フレンド 100ユーロ（約13,000円）	OBA の恒久的特別支援会員 OBA Total 会員の特典がすべて含まれる 年数回の特別イベントへの招待あり

出典：アムステルダム公共図書館ウェブサイトより作成
https://www.oba.nl/oba/english/memberships-and-rates.html
＊アムステルダム以外の図書館の場合、無料カードの年齢は未成年である17歳までと定められていることが多い。

いの料金がかかります」と言っていた。(2)

図書館の会員になる特典は、自分が住む場所の図書館利用が自由になるだけにとどまらない。実は、オランダ公共図書館には「ゲスト貸出」という便利な制度がある。たとえば、アムステルダム公共図書館のカードを持っている場合、そのカードを別の地域にある公共図書館で示しても図書を借り出すことが可能なのである。

割引制度

図書館の年会費、提供されているサービスの豊かさを考えれば決して高すぎる金額とは言えないが、経済的に余裕がない住民はやはり図書館を使えないだろう。もし、そうだとすれば、オランダの図書館は基本的人権としての情報・文化へのアクセスを保障する図書館の使命を果たしていないことになるが、もちろんそこは配慮された仕組みとなっている。

ほとんどの図書館には、難民への会費免除制度や経済困窮者への会費割引制度がある。この割引制度は、図書館独自の仕組みではなく、自治体全体としての優遇措置の枠組み内で適用されている。そこには、経済力のある人は所定の額を支払い、払うのが困難な人の会費は行政が負担すべきという考え方がある。

具体的な例を紹介したい。アムステルダムでは、貧困状態にある住民に支給される「シティーカード（Stadspas）」を持っていれば、「トータル会員」のメンバーズカードを五ユーロ（約六五〇円）でつくることができる。これは、正規のカード価格が約五四〇〇円であることを考えるとかなり安い。また、ＥＵの助成によってオランダのいくつかの地域で実施されている「地区高齢者プログラム（Ouderen in de Wijk）」に参加していれば、「ベーシック会員」の会員証を無料でつくることができる。(3)

(2) メンバーの特典や料金の設定は各図書館に任されている。たとえば、アムステルダム近郊の町アルメレの図書館では、料金制度は一回券（一〇・五ユーロ：約一四〇〇円）、ブロンズメンバー（年会費二一ユーロ：約二七〇〇円）、シルバーメンバー（年会費四六ユーロ：約六〇〇〇円）、ゴールドメンバー（年会費六一・五ユーロ：約八〇〇〇円）、プロフェッションメンバー（年会費一三二ユーロ：約一万七〇〇〇円）のように分けられている。

(3) 「地区高齢者プログラム」は、地域の公共施設で開かれる六五歳以上の住民を対象とした無料の文化プログラムで、デジタルスキルを修得するプログラム、絵画や健康をテーマとする講演、移民を対象とした読書プログラムなどがある。

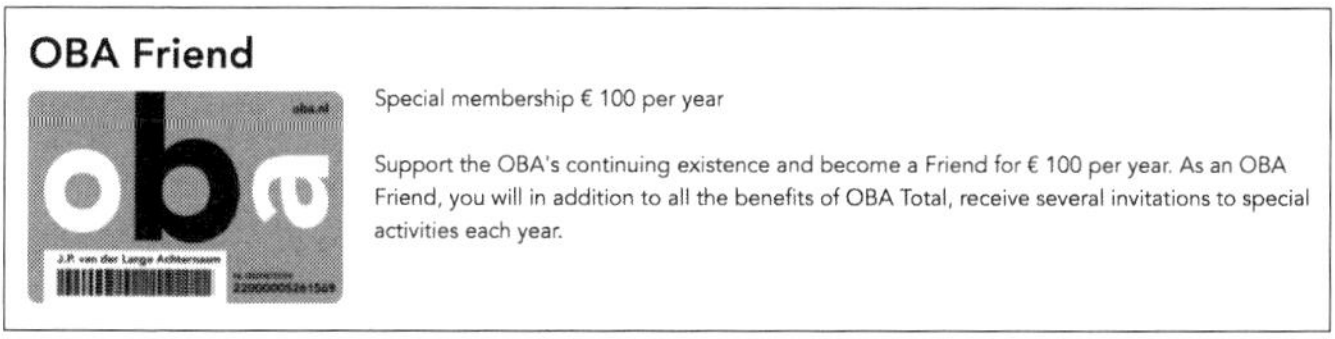

最も特典が多く会費が高額な成人会員「フレンド」のカード
出典：https://www.oba.nl/oba/english/memberships-and-rates.html

2 無料サービス・有料サービス

どんなサービスが有料なのか

公共図書館でサービスを受けるにあたってかかる料金を具体的に見ていこう。図書館が無料で提供しているサービスは、館内での資料閲覧、公共空間としての図書館での滞在、司書からの専門的なアドバイスである。これら以外のサービスはだいたい有料なのだが、料金は会員であるかどうか、また会員の種別によって異なっている。まず、資料の予約とリクエストについて説明しよう。

資料の予約とは、利用者が求める資料がすでに図書館にあり、誰かがその資料を借りていた場合、その本を優先的に閲覧するために取り置きを依頼することである。オランダでは、そのためのお金が必要となっている。会員の場合は一〇点までは無料で資料を予約することができるが、それを超えると一アイテムにつき〇・五ユーロ（約六五円）かかる。

一方、リクエストは、利用者が希望する資料が図書館にない場合、その資料を図書館に購入してもらう制度である。リクエストの料金は一アイテムにつき〇・五ユーロとなっていて、図書が準備された段階で課金される。ただ、会員になってなくてもリクエストできる図書館もある。しかし、非会員は借り出しができないから、自分がリクエストした資料が図書館に入ったとしても館内での閲覧しかできない。

また、他の公共図書館から資料を取り寄せるのも有料である。アムステルダムでは州内からの取り寄せは二ユーロ（約二六〇円）、他の州からの取り寄せは四ユーロ（約五二〇円）、そして大学図書館と王立図書館からの取り寄せは六・五ユーロ（約八五〇円）となっている。例外はロッテルダム音楽図書館から音楽ＣＤを取り寄せる場合で、こちらのほうは無料となっている。

延滞料はサービスへの課金とは異なる

日本では課されていない延滞料は、オランダにかぎらず図書館界では当たり前のこととなっている。手厚い文化福祉政策を展開する北欧の公共図書館でも、延滞料はとっている。延滞料のほかにも、資料を紛失したり、破損した場合には、資料と同額の補償金に加えて、資料の装備や目録作業にかかる料金についても負担する義務が生じる。公共施設の利用にかかわる行為に関して責任意識が高いオランダ人は、こうした料金についてはサービスへの課金と考えていない。

このように、オランダの図書館ではサービスに支払いが付いて回るため、すべての図書館に次ページの写真のような支払い装置が置かれてある。この機械を使って、自分のメンバーズカードにクレジットカードからチャージするのである。チャージされた代金は、コピー料金、コーヒーなどの飲み物の代金、イベント参加料、延滞料など、図書館利用に伴って生じるさまざまな支払いに使うことができる。日本の交通系カードを思い起こしていただけると分かりやすいかもしれない。五ユーロ（約六五〇円）までの延滞料だと、オランダ独自のオンライン決済システム「iDeal」で払える図書館もある。

参考までに、アムステルダム公共図書館の貸出期間と延滞料を**表2**としてにまとめてみた。

有料制の問題点

歴史的な背景があるにせよ、図書館資料の借り出しが有料となっていることの問題点はもちろんある。たとえば、図書館側から見ると、有料の会員制を取っているがゆえに、運営組織は利用者の支払う会費で一定程度予算をカバーしなければならない。実際に、会費収入はどこの図書館でも予算の一〇パーセントを超えており、重要な収入源となっている。

当然と言うべきことだが、図書館はどうしたら会員を増やせるかについて常に頭を悩ませており、会員増につながるアイデアを実行に移している。その一つが「メンバーシップ」のギフト制度である。送り主は会員種別を自由に選んで購入し、プレゼントしたい人にギフト券として手渡す。ギフト券を受け取った人は、最寄りの分館で所定の会員カードに交換できるという仕組みである。「図書館カード」の贈り物、かなりハイセンスなプレゼントに思える。もちろん、無料の

表２　アムステルダム公共図書館の貸出期間と延滞料

会員種別	貸出期間・延滞料
子ども（０歳から18歳まで）	貸出期間：図書、音楽CD、CD-ROM、ビデオ、コンピュータゲームすべて３週間 延滞料：なし
大人	貸出期間：図書３週間、音楽CD、CD-ROM、ビデオ、コンピュータゲーム１週間 延滞料：延滞１日ごとに0.1ユーロ（約13円）

出典：アムステルダム公共図書館ウェブサイトより作成
https://www.oba.nl/oba/english/library-fees.html

各種支払い装置（左）と貸出装置（右）
オランダでは、貸出・返却ともに専用の機械を使ってセルフサービスで行う

子ども用カードをプレゼントにすることも可能である。

一方、利用者にとっては、図書館の充実した資料を中途半端な形でしか使えないというストレスが生じることになる。住まいの近くにある図書館に希望する資料がない場合、同じ地域内の図書館から取り寄せてもらうことは「相互貸借（inter library loan）」と呼ばれているが、これは世界中の図書館で行われている基本的なサービスである。ところが、オランダでは、このような図書の取り寄せは、たとえそれが近くの図書館からであっても一冊ごとにお金がかかってしまうのだ。

アムステルダムの分館で出会ったある利用者は、「この図書館に初めて来ました。お目当ての本が近隣の図書館では見つからず、ここにしかなかったから」と来館理由を説明してくれた。お金を払って取り寄せるより、直接足を運んで資料を閲覧する人も結構いるようだ。

お金を払うことはサービスに敬意を払うこと――関係者の声

オランダに行くまでは、正直なところ「どんな理由があるにせよ、公共図書館サービスを有料化することが許されてよいはずがない」と思っていた。無料であるからこそ公共図書館と呼べるのではないか、と。こんな思いがあったため、訪ねる図書館すべてで、司書や図書館職員に「なぜ、オランダでは図書館サービスが有料なんですか？」と聞いて回った。もちろん、さまざまな回答があったのだが、その一部を紹介しておこう。

回答1　子どもは無料で本を借りることができますし、経済的に困難な人には割引制度がありま す。これらの制度はとてもよいことです。一方、インターネットについては無料にすべきだと 思っています。しかし、学校に適用される団体料金が低く抑えられていることは妥当です。

回答2　子どもの会費を無料にしていることが重要です。無料である理由は、保護者が子どもに 読み聞かせをすることで、リテラシーを育むことを重視しているからです。

このように答えたのは、あるベテラン司書だ。そのほかにも、「ベルギーに比べればオランダの年会費は安いです」とか、年会費の額について、「もっとも安い貸出専用カードの年会費は、新刊図書一冊よりも低いぐらいです。本を買うよりも安い値段で手に入るわけですから、年会費が高いとは言えないでしょう」という意見もあった。

考えさせられてしまったのは、「無料であることでサービスがないがしろにされてしまう感じがする」という意見が司書からあったことだ。サービスに対価を支払うということは、そのサービスに「敬意を払うこと」と考えているそうだ。このような発言の背景には、ともすれば公的サービスが民間のサービスよりも相対的に軽視されがちとなっているという現実があるのではないだろうかと思う。

消費社会に身を置く私たちは、ついついサービスを受けることを当然の権利だと考えてしまっている。「サービスを受ける」という意識が強く、相手がこちらにサービスするのは当たり前と思ってしまう。そして、そのサービスが無料のものであると、このような意識がさらに強まってしまうのだ。公的機関でのトラブルは、そんな私たちのサービスに対する考え方のゆ、が、み、と無関係ではないだろう。

そういえば、図書館の無料原則をもっとも重視しているスウェーデンで、新刊図書をリクエストするときには一冊につき約一五〇円の料金がかかることを知って驚いたことがある。そのときは、「公共図書館で〈普通以上の〉サービスを受けようとするなら、その対価を支払う必要がある」と納得したが、「お金を支払ってサービスに敬意を払う」という発想が私には欠けていただけに、この司書の回答は心に残るものとなった。

図書館の無料制の意味するところ

部分的な公共図書館サービスの有料化は世界的な傾向である。オンラインデータベースや時間のかかる情報収集、複雑な相談事を「基本的な図書館サービス」の範疇外として有料化する国が多くなっている。オランダの有料制度がほかの国と異なるのは、一般的には「基本的な図書館サービス」と認識されているサービスを有料化している点である。換言すれば、基本的な図書館サービスの範囲を狭く設定しているとも言える。このことを説明したのが次ページの**表3**である。図書館サービスが無料である理由は、情報と文化へのアクセスが人間の基本的人権であり、それを保障する機関として公共図書館が認知されているからである。この理念は、公共図書館の普遍的価値として共有されている。問題となるのは、基本的な「情報と文化へのアクセス」の範囲であり、情報アクセスの保障の下限をどこに設定するかである。

オランダは、間違いなく情報アクセスの範囲を「もっとも狭く」設定している。その範囲というのは、前述したように、図書館の「空間の利用」と「資料の閲覧」と専門家による「情報のアドバイス」である。つまり、これらのサービスは誰でも必ず無料で受けられるようにしておくべきと考えているが、これ以上は、基本的な社会生活を維持するうえにおいて必須のサービスと見なしていないことになる。

ほかの国ではどうだろうか。たとえば、「資料の貸出」に関しては、オランダ以外の国は基本的人権である学習権を保障するために必要なサービスと見なしている(4)。館外でも図書館の資料を自由に使えることが情報アクセスを保障することと捉えているわけだが、オランダでは、館内での閲覧によって情報アクセスの最低条件は満たせると見なしている。そして貸出は、資料の一時持ち出しという特別な行為として課金対象となり、公共施設の物品を一時的に占有することに対して対価が要求される仕組みとなっている。

表３　図書館サービス・料金の種類と課金傾向

サービス・料金の種類	オランダの課金傾向	北欧・北米諸国の課金傾向
入館・空間利用	無料	無料
閲覧	無料	無料
レファレンス	無料	無料
プログラム参加	有料 ＊無料の場合もあり	無料 ＊有料の場合もあり
コンピュータ利用	有料	無料
資料貸出	有料	無料
資料予約	有料	無料
資料リクエスト	有料 ＊無料の場合もあり	無料 ＊有料の場合もあり
図書館間相互貸借（ネットワーク内）	有料	無料
図書館間相互貸借（ネットワーク外）	有料	図書館によって異なる
高度な情報サービス	有料	有料
延滞料	有料	有料
資料の汚損・紛失など	有料	有料

デジタル工作プログラムに使う素材の並んだ棚（ライゲルスボス図書館）

レファレンスカウンター（アイブルフ図書館）

3　図書館サービスの実際

開館時間とセルフサービス

　ここからは、公共図書館のサービスの実態を具体的に見ていくことにする。まずは、開館時間についてである。基本的には朝の九時半から一七時半までとなっているが、図書館によってさまざまである。大規模図書館の場合は、基本時間に加えて曜日によっては二〇時頃まで開館しているところもある一方で、小規模図書館の場合には、曜日によって半日しか開館していないところもある。

（4）公共図書館の無料原則は、基本的人権として定められている表現の自由とそれを受け取る自由、および学習権と結び付けて考えられてきた。そして、圧倒的多数の国が、基本的人権に図書館の利用だけでなく資料の「館外貸出」を含めているのである。明定義人「［特集］図問研と貸出し　図問研の大会基調報告案にみる資料提供」『みんなの図書館』494、二〇一八年、六月、八～一五ページ。

分館の開館時間は短め

中央館の開館時間は長め

最近のトレンドは、セルフサービスの時間帯を設けていること。図書館でのセルフサービスは、そもそもデンマークが一〇年ほど前に導入した制度である。当時、予算削減によって職員の常駐を諦めざるを得なくなった分館が増えていた。このような事態を受けて、職員不在の時間に図書館を住民のために開放する仕組みとしてこの制度が考え出された。デンマークの社会的信頼度の高さを背景に、あっという間にこの制度は全土に広がり、さらに北欧諸国にも広がった。それがオランダにも波及しつつある。

資料提供サービス

図書館で電子書籍の提供がはじまって一〇年以上が経過し、オランダ公共図書館でもほぼ一〇〇パーセントの館で電子書籍の貸出を行っている。電子書籍を愛好する人はそれを積極的に借り出し、紙の図書を読み慣れている人は紙の図書を借り出すといったように、図書館での貸出状況は利用者の読書環境をそのまま映し出している。

図書館では利用者にとってまだ馴染みの薄い電子書籍を大いに宣伝しているが、デジタル資料が伝統的な紙の図書に取って代わられる状況には今のところ至っていない[5]。電子書籍に比べてオーディオブックはかなり以前から普及しているので、愛好者を中心によく利用されている。

オランダには、手のひらサイズの「スリーパーシリーズ（dwarsligger seriese）」という本がある。これは、休暇と読書を好むオランダ人的な発想から生まれた旅行用のミニ図書だ。ただでさえ旅行は荷物が増えるので、重たい本をなるべくコンパクトに持ち運ぶために、サイズを小さくしたミニチュア版のハードカバーである。

ひと昔前だったらこのミニ図書が活躍する場面があったかもしれないが、今や電子書籍の時代である。手

（5）　二〇一八年にオランダ社会研究所は、オランダの読書に関する報告書『読むこと：時間――オランダの読書』を刊行した。報告書は、オランダの生活時間調査のデータを利用して、オランダ人の読書行動やメディア利用について調査をしている。そして、電子書籍、タブレット、スマートフォンなどを使って読書する人が増えているものの、紙の図書が相変わらず重要なメディアであると述べている。Annemarie Wennekers, Frank Huysmans, Jos de Haan, *Lees: Tijd Lezen in Nederland*, Den Haag, Sociaal en Cultureel Planbureau, 2018, 138p. (https://www.scp.nl/dsresource?objectid=eb3ac332-95b5-4caa-baca-a1f5b3149059&type=org)

人気のある本は複本が用意されている

電子書籍の無料講習会の宣伝パンフレット

のひらサイズの端末に、それこそ何千冊もの書籍が入ってしまう時代である。こんな私の気持ちを察知したのか、この本を紹介してくれた司書がすかさず、「電子書籍を使っていない人や、デジタルメディアを好まない人がまだまだいますからね」と付け加えた。

日本でも、バカンスで思う存分本を読みたい、と思っている人が増えてきているようだ。近年、全国で読書をテーマにした旅館やホテルがオープンしている。そうした非日常的な空間で読書にひたるほど、幸福な時間の過ごし方はないと思う。本はどこでも読めるわけだから、わざわざ本を読む場所と時間をつくるということはすごく贅沢な行為となるし、旅をしていると感性がいつもよりも研ぎ澄まされるので、読んだ本の記憶がよく残る。

タブレットを好まない人への旅行用ミニ図書の展示

優れたメディアとは

ある司書が、マンガや娯楽色の強い資料を図書館に置くことについて次のように話してくれた。

「活字を読み慣れていない子どもと大人の利用者の一部は、マンガがなかったら図書館に来なくなると思います。どのような種類のメディアであっても、来館のきっかけとなるのであれば、それは優れたメディアだと私は見なしています」

そして、次のように話を続けてくれた。

「先ほど見ていただいた、いわゆる『ロマンスシリーズ』の本ですが、図書館によってはこうしたシリーズを図書館資料として不適切だとして置かないところもあります。でも私は、そうした軟らかい本を読んでいた利用者が、のちに本格的な読書へと進んでいくという事実を何度も目にしてきました」

「軟らかい本」がきっかけとなって「真面目な硬い本」へと読書が進化していくのだろうか。このことについては、すでに一〇〇年以上にわたって図書館界では議論が行われてきた。少なくとも、私にその話をしてくれた司書は、自らの経験から読者の成長を信じているようだ。

かつて、「マンガばかり読んでいないで、ちゃんとした本を読みなさい」と言われてきた人たちは現在六〇代に達しているが、読書推進の先鋒役を担っている世代でもある。普段、硬い本ばかりを読んでいるそうした世代の人に読書の楽しみ方を聞いたときに多くのマンガが挙げられることは決して不思議なことではない。オランダの司書が言うように、きっかけは何でもいいし、何よりもメディアに優劣を付けることは読書の可能性や喜びを縮めてしまうことになるだろう。

雑誌とコーヒーはセット

雑誌と新聞は、間違いなく公共図書館のなかでもっとも人気のあるメディアだ。北部ヨーロッパの図書館では、コーヒーとセットで楽しみたい利用者のニーズに合わせ、飲み物の自動販売機は雑誌や新聞コーナーに設置されている。オランダでも、コーヒーを片手に雑誌を読んでいる利用者を多くの図書館で見かけた。

公共図書館は地域の情報センターだから、行政機関が作成するパンフレットが集結する場所でもある。「その地域のことを知りたいなら、まず図書館に行きなさい」と言われるのも、図書館に地域情報センターの機能があるからだ。確かに、各図書館には、その地域の郷土史をはじめとして、ほかでは見ることのできない資料が揃っている。このような資料こそが、その図書館の地域性を表現している。

さて、パンフレットは、来館者が気軽に立ち寄る雑誌や新聞コーナーの近くに置いてあることが多い。それらを眺めていると、今、その地域で何が話題になっているのかがすぐに分かるし、その街に来て間もない人にとっては、地域に馴染むためのよき案内役となってくれる。

視聴覚資料はオンラインに移行中

現時点では、日本のすべての図書館に音楽ＣＤコーナーがあるが、オランダでは、音楽資料をインターネット経由で配信するサービスをはじめている。たとえば、アムステルダム公共図書館では、「ミュージックウェブ（Musiekweb）」と呼ばれる音楽配信専用サイトからダウンロードするようになっている。実際、公共図書館での音楽ＣＤの貸し出しは激減しており、大規模図書館でもＣＤ一枚につき年に一、二回（平均）しか借り出されていないということだった。

一方、映画のインターネット配信に関しては、オランダの場合それほど進んでいない。映画は、ＤＶＤメディアでの貸し出しが基本となっている。

認知症の人のための音楽サービス

視聴覚資料といえば、オランダにはロッテルダム図書館に国内最大の「音楽図書館」があり、オランダでリリースされたほぼすべてのＣＤを購入し、電子化している。「ミュージックウェブ（Muziekweb）」と呼ばれるデジタル音楽ライブラリーで、公共図書館の会員はインターネット経由でこれらの音楽データを借り

文芸作品と娯楽作品が並ぶ視聴覚資料のコーナー

行政機関のパンフレット

出して自由に視聴することが可能となっている。

　最近、この音楽ライブラリーを使って、認知症の人のために選ばれた音楽をiPodに入れ、三か月単位で貸し出すというサービスがはじまった。iPodを借りるためには、介護者が図書館の会員となっている必要がある。料金はiPodと音楽データで五ユーロ（約六五〇円）。三か月経ったら新しい音楽セットに更新することもできるが、そのときも五ユーロを支払うことになる。もちろん、音楽データの削除などはできないし、衛生面を考慮してヘッドフォンの貸し出しは行っていない。

認知症患者への音楽サービスを伝えるパンフレット

デジタル資料の提供サービス

　資料の利用に加えて、北部ヨーロッパの公共図書館における重要なサービスの一つにインターネット接続サービスがある。

　図書館でインターネットを使うには二つの方法がある。一つは図書館に用意されてあるコンピユータを使う方法で、もう一つは自分のコンピュータを使う方法である。後者の場合は、館内の無線ＬＡＮを利用してインターネットに接続することになる。北欧では、誰でも無料で館内の無線ＬＡＮに接続できるが、オランダの場合は、無料でインターネットにアクセスできるのは会員だけである。非会員は、「インターネット利用券」を購入してネットワークに接続することになるが、その料金は三〇分で一ユーロ（約一三〇円）が相場となっている。

文化プログラムの提供サービス

　日本には生涯学習のための教育施設として公民館があり、幅広い層に向けた生涯学習プログラムを提供し、多様な学習・文化活動を

モニターの下部にあるカードリーダーに利用者カードをかざしてインターネットに接続する

コラム……アムステルダムの美術館

アムステルダム市立美術館（Stedelijk Museum Amsterdam）20世紀初頭から現在までの近・現代美術、デザインにかかわる作品を収集した市立美術館で、1895年に開館した。
アムステルダム国立美術館（Rijksmuseum, Amsterdam）1800年にデン・ハーグに設立され、1808年にアムステルダムに移った国内最大級の美術館。レンブラント・ハルメンソーン・ファン・レイン（Rembrandt Harmenszoon van Rijn,1606〜1669）、ヨハネス・フェルメール（Johannes Vermeer, 1632〜1675）などオランダを代表する画家の作品が収められている。
ゴッホ美術館（Van Gogh Museum）アムステルダムにあるヴィンセント・ウィレム・ファン・ゴッホ（Vincent Willem van Gogh, 1853〜1890）の作品と、同時代の画家の作品を集めた私立美術館。開館は1973年、オランダで最も人気のある美術館として知られる。

支えている。だが、北部ヨーロッパには公民館に該当する施設はない。だから公共図書館は、資料提供を基盤としつつも、地域において各種の学習・文化プログラムを提供する総合的な教育・文化施設としての役割を担っている。

　公共図書館で開催される文化プログラムは、図書館の広報誌やウェブサイトに紹介されている。オランダ以外の図書館では文化プログラムは基本的に無料で提供されているので、オランダの図書館で開催される文化プログラムが有料であるということに違和感は否めない。とはいえ、参加型プログラムの場合の参加料は実費程度とごく低く抑えられている。

ところで、美術の伝統とアーティストに対する手厚い支援策が相乗効果を生み、世界に誇る「文化立国」としての揺るぎない位置づけをもつオランダには、伝統的な美術作品を扱う著名な美術館から現代芸術を扱う美術館まで数多くの美術館がある。もちろん、そのほとんどの美術館に入るためには入館料を支払わなければならない。

ちなみに、「アムステルダム市立美術館」と「アムステルダム国立美術館」への入館料は一七・五ユーロ（約二二七〇円）で、私立美術館である「ゴッホ美術館」の入館料は大人一八ユーロ（約二三四〇円）となっている。ただし、一七歳までの子どもは無料であり、図書館の会員制度と同様、子どもは特別な扱いとなっている。

一方、公共図書館は、無料で美術体験ができる格好の場所となっている。地域の文化センターとして、館内で写真展が行われていたり、新進アーティストの作品が展示されていたりもしている（本章トビラ写真参照）。気軽にアートに触れることができるほか、館内にある絵画工房で美術体験ができるという図書館もある。

本章では、館内で提供される図書館サービスに焦点を当てて紹介を行ってきたが、オランダの公共図書館がウェブサイトを通じて充実したオンラインサービスを提供し、ＳＮＳを駆使して利用者とのコミュニケーションを積極的に進めていることもお伝えしておきたい。

第4章

オランダ公共図書館の利用者と職員

DVD のコレクションを熱心に見つめる子ども（ベイルメールプレイン図書館）

公共図書館はすべての住民をサービス対象にしているが、そのなかでも、とくに手厚いサービスを提供しているグループがある。それは、①これから読書の世界に入っていく子どもたち、②情報アクセスに取り残された人びと、そして、③通常の方法では情報アクセスが困難な人びとである。その様子を以下で見ていきたい。

1 読書の世界へ入っていく子どもたちへのサービス

オランダでは、未成年である一八歳未満の利用者は原則として無料で図書館を利用することができる。このことは、一九七五年の公共図書館法で定められた。その後、公共図書館法は一九八八年に無効化されたが、この原則はほぼ守られることになった。

二〇一四年に制定された公共図書館サービス法では、図書館が読書と文学経験のための中核的な機関になることが盛り込まれた。これは、明らかに未成年の子どもを意識したものである。オランダでは図書館サービスが、子どもが生きていくために不可欠となる公的サービスと認識されているのだ。一八歳未満の子どもは特別な利用者層として捉えられており、そのサービスが完全に保護されている。

オランダの読書振興プログラム

オランダで読書振興の旗振り役となっている「読書財団（Stichting Lezen）」が創設されたのは一九八八年である。読書財団は、一九九四年から教育・文化・科学省（Ministerie van Onderwijs, Cultuur en Wetenschap）から助成を受けて、オランダ語とフリースランド州の周辺で話されているフリジア語の読書推進に取り組んできた。

そして、二〇〇八年には教育・文化・科学省が統括し、読書財団と王立図書館が実施主体となって〇歳児から一八歳までの若者をターゲットにした、国を挙げての読書推進プログラム「読書への道（Kunst van Lezen）」がはじまった。プロジェクトは、〇歳から三歳を対象とした「ブックスタート」、小学生、中学生を対象とした「学校図書館」、そして「読書推進ネットワーク」という三つのプログラムから構成されている。

ブックスタート

図書館側の思いとは裏腹に、オランダでも子どもたちの読書離れは進む一方である。デジタルメディアに心を奪われた子どもたちに、少しでも読書に時間を使って欲しいという思いは、世界中の司書に共通する思いではないだろうか。

子どもを対象としたさまざまな読書推進活動が試行されるなか、イギリスのバーミンガムで一九九二年にはじまった「ブックスタート」は、世界でもっとも成功した読書推進プログラムである。「ブックスタート」とは、成長過程のごく初めの段階で読書に親しむ習慣をつけるために乳幼児とその保護者に図書を配布するという試みで、今や世界中の図書館で実践されている。

オランダでもブックスタートは子どもの読書推進の中心事業となっており、子どもが図書館に登録を行うと、二冊の本と「読書の手引き」が入った小さなカバンがもらえる。このブックスタート、公共図書館だけでなく一五〇〇か所あるデイケアセンターでも実施されている。

ブックスタートはほとんどの図書館で行われている

学校図書館プロジェクト

学齢期の子どもたちを対象とした「学校図書館プロジェクト」は、小学校と中学・高校に在学する生徒を対象にして、公共図書館と学校が協力して学校内に質のよい図書館をつくることを主眼に計画された。プロジェクトによって資料を整備して、専属スタッフが配置された学校図書館では、言語スキルとメディアリテラシーの修得を目指したプログラムが実施された。

小学校では、家庭・学校・図書館の共同方針をつくって読書に関する一貫したポリシーを確立すること、コレクションの整備、家庭に持ち帰るための図書の準備、学校への読書コンサルタントの派遣などが進められた。一方、中学校では、読書能力、言語能力、メディアリテラシーの向上に焦点が当てられた。

このプロジェクトによって、読書とメディアリテラシーを集中的に学ぶことができる特別の場所として学校図書館が校内に位置づけられたことは大きな成果となった。また、「読書への道」は、さらに二〇一六年から三年計画で「言語を頼りに（Tel mee met Taal）」というプロジェクトに引き継がれ、現在も進行中である。

「うさこちゃん」と「カエルくん」

おそらく、世界中の図書館でもっとも有名な「うさぎ」と言えば、ディック・ブルーナ（Dick Bruna, 本名は Hendrik Magdalenus Bruna, 1927～2017）の絵本に登場する「ナインチェ・プラウス（Nijitje Pluis）」であろう。福音館書店から出版されている「うさこちゃんシリーズ」を読んで育ったという人も多いのではないだろうか。私も一歳のお誕生日に「うさこちゃん」の絵本を両親からもらい、ボロボロになるまで愛読したという思い出がある。

ナインチェ・プラウスの陰に隠れて日本では影が薄いのだが、もう一人、オランダの児童文学作家として有名なマックス・ヴェルジュイス（Max Velthuijs, 1923～2005）がいる。ヴェルジュイスの「カエルくんシリーズ」（セーラー出版で邦訳）は、オランダだけでなく、北欧の公共図書館の児童書コーナーにも必ず置かれている子どもたちが大好きなキャラクターである。

「うさこちゃんシリーズ」と「カエルくんシリーズ」、ともに日常生活における大事なことを平易なストーリーとシンプルな挿絵を通じて子どもたちに伝えている。幼児期に行われる読み聞かせの図書として、必要とされる要素がすべて備わっていると言っても過言ではない。

絵本から児童文学へ

絵本からスタートした子どもたちの読書は、挿絵入りだが文字の多い本、そして文字だけの本へと進んでいくことになる。子どもたちにとって文字だけの本というのはかなりハードルが高くなるが、いったん越えてしまうと信じられないような豊かな世界が

オランダを代表する児童文学作家の主人公たち「うさこちゃん」（左）と「カエルくん」（右）。写真は乳幼児向けの布の絵本

広がる。

　だから、司書は子どもたちに何とかこのハードルを越えてほしいと常に願っている。しかし、生まれたときから動画を見慣れている現在の子どもたちにとっては、絵本から文字だけの本へ移行することが以前にも増して難しくなっている。もちろん、この傾向は日本も同じである。図書館だけでなく、出版業界も一緒になって考えていかなければならない重要課題である。

　図書館には、本格的な読書への橋渡しとなるよう、イラストをふんだんに配置し、カラフルな文字を多用した図書も置かれている。こうした本についてネガティブな見方をする司書が多いのは、自転車でたとえれば、補助輪付きのものに乗ってくるのではなく、勇気を出して一気に補助輪なしの自転車に乗って、本の世界に走ってきて欲しいと願っているからだ。しかし、子どもたちは、「補助輪付き」の図書を好む傾向があり、司書はそのジレンマに悩んでいる。

なぜ、コンピュータゲームを図書館で提供するのか

「デジタルネイティブ」である現代の子どもたちは、本へのハードルは高いが、電子機器に関するハードルはまったくと言っていいほどない。放っておいても、図書館内のコンピュータをどんどん使いこなしていく姿は頼もしい。

　初めて北欧を調査のために訪れたときにもっとも驚いたのは、すべての公共図書館にコンピュ

ータゲームが置かれていたことである。最初は、図書館に行くたびに、「日本は世界に誇るコンピュータゲーム輸出国だけれども、コンピュータゲームは図書館資料と見なされていないのです」と私は説明していた。そして、おもむろに、「なぜ、北欧ではコンピュータゲームが図書館にあるのですか?」と、その理由を尋ねていた。

この問いかけには、常に二つの回答が帰ってきた。その一番目は次のようなものである。

「コンピュータゲームもメディアの一つ。公共図書館は、硬軟取り混ぜてすべてのメディアを収集する場所だから、コンピュータゲームも資料として収集しています」

そして二番目は、「ゲームを持っている子どもと、持っていない子どもがいるのは不平等。図書館はメディアの格差を埋める機関だから、コンピュータゲームを収集してすべての子どもが楽しめるようにしています」というものだった。

どこの図書館に行っても、同じ答えが「超速」で戻ってきた。このやり取りを数回繰り返したあと、私は尋ねることをやめてしまっ

カラフルな子ども向けの図書

ティーンエイジャー向けの資料

た。ヨーロッパの公共図書館では、コンピュータゲームはコレクションのなかで揺るぎない位置づけとなっていることが分かったからだ。もちろんオランダでも、コンピュータゲームはほとんどすべての図書館に置かれていた。

積極的にコンピュータゲームを提供している図書館で話を聞いたところ、すでに一〇年ほど前から、子どもを対象としたプログラムにコンピュータゲームを取り入れているとのことだった。最近では、対戦型コンピュータゲームを競技として行う「eスポーツイベント」を館内で開催して、大盛況だったともいう。ドローンを使ったゲームイベントも大成功を収めており、この図書館では、文化プログラムの可能性をコンピュータゲームに見いだしているようだった。

コンピュータゲームをサービスに取り入れて図書館活動を活性化させると同時に、コンピュータゲームがもつ負の側面にも目を向けている点が図書館らしい。というのも、ゲーム依存症や依存に伴う社会的孤立などといった課題解決に図書館が果たす役割を考えているからだ。

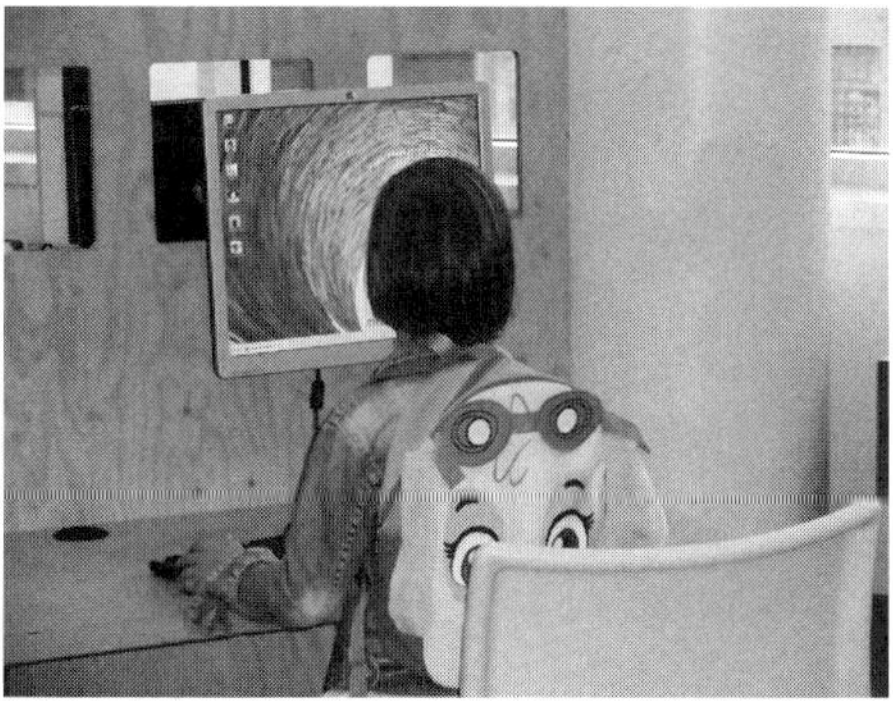
コンピュータに夢中のデジタルネイティブ世代の図書館利用者（スタッツスズプレイン図書館）

ゲームの良い点、悪い点を議論するフォーラムの開催や、司書がインターネットの適切な利用法について子どもたちに教えたりする講座がその例となる。

ある司書が次のように話してくれた。

「子どもたちが精神的・肉体的に健康でいられるのであれば、コンピュータゲームは問題になりません。私は本が好きだから、個人的には図書館から本が消えてしまったら悲しいけれど、情報を共有したり議論したりする手段はいろいろあってよいと思います」

メディアの多様化は学びの可能性を押し広げる契機として捉えられているので、図書館は積極的に新しいメディアを取り入れている。ただし、年齢制限のある視聴覚資料やコンピュータゲームに関しては、パッケージに記載されている年齢に達していない子どもへの貸し出しは禁止されている。

2 情報アクセスに取り残された人びとへのサービス

リテラシー支援を必要とする人びと

読むことと書くことにかかわる基本的な能力「リテラシー」は、社会の構成員として生きていくために必要なことである。しかし、こうした能力をもっていない、あるいは不十分な人びとが二一世紀になってからヨーロッパで増えている。出身社会で生存が困難になったためヨーロッパに移住先を求めた難民、そして経済的な困難によって教育が十分に受けられなくなった人びとと、その理由はさまざまである。

二〇一四年にアムステルダム公共図書館は、二〇一五年からの四年間の方針を定めた文書「アムステルダムが一体となって：政策方針二〇一五～二〇一八（Samen voor heel Amsterdam: Beleidsplan 2015-2018）」を発表した。[1] そのなかで、図書館サービスがとりわけ必要とされる弱い立場に置かれた人びととして、識字能力が低い住民、高齢者、失業者、ニューカマー／非市民、読字困難者を挙げている。オランダで生まれ育った人であっても、他の地域からオランダに移住してきた人であっても、何らかの事情でリテラシーに問題を抱えている人がいるということだ。

ところで、二〇世紀の中盤までリテラシーとは、文字情報の読み書きの修得を意味していた。しかし、二〇世紀の後半にインターネットが普及したあとは、基本的な読み書き能力に加えてデジタル機器の利用能力が付加されている。日常生活を送るために必要とされる情報にアクセスするには、デジタル機器の利用が不可欠となったからである。

（1） *Samen voor heel Amsterdam: Beleidsplan 2015-2018* https://www.oba.nl/dam/OBA-beleidsplan_defproef.pdf

歴史的にリテラシーの支援を担ってきた図書館は、ごく自然に住民のデジタル機器へのアクセスを確保し、サポートする施設へとその体制を整えていった。公共図書館は今や、デジタル情報へアクセスできるもっとも安全な場所として認識されるようになった。つまり、二一世紀の公共図書館は、デジタル情報へのアクセスとデジタルリテラシー修得のための機関として新たな存在意義をもつに至ったと言える。事実、ほぼすべての公共図書館において、外部の関係組織と連携し、デジタルリテラシーのプログラムが開催されている。

オランダでは、約四万五〇〇〇人が十分なリテラシー能力をもっていない低識字者とされている。この状況を克服するために、教育・文化・科学省、保健・福祉・スポーツ省（Ministerie van Volksgezondheid, Welzijn en Sport）、社会雇用省（Ministerie van Sociale Zaken en Werkgelegenheid）と「リーディング・ライティング財団（Stichting Lezen & Schrijven）」が連携して「生活のための言語（Over Taal voor het Leven）」という識字プロジェクトに取り組んできた。

当初、プロジェクトは二〇一六年から二〇一八年までの三年間として計画されたが、二〇一八年度の終了年度に一年間の延長が決定した。語学を中心に数学やコンピュータスキルも含めたリテラシー全般にかかわる支援を通じて、リテラシーが不十分であったために社会から疎外されていた人びとが社会参加できるようになることを目指している。

実施にあたり、言語にかかわるさまざまな機関、学校、コミュニティーセンター、社会福祉サービス、中途退学者支援組織、経済困窮者支援組織などを巻き込んで展開されているが、図書館がとくに重要な位置づけを与えられている。

コースの種類としては、「初心者向け」「中級者向け」「上級者向け」というレベルごとのクラスがあり、それ以外にも生活にかかわるリテラシーを身につけるための講座や、行政手続きが自分で行えるようになることを目的とした講座もある。図書館は、こうした講座の予習復習のための教材を準備するだけでなく、語学学習に関する相談に乗ったり、読みやすい本を使った読書会を開催したり、語学学習のためのコンピュータを提供したりしてリテラシープロジェクトを支えている。

生活すること・学ぶこと

言語スキルとコンピュータスキルの修得に関して、アムステルダムを例に挙げて、公共図書館がどのような役割を果たしているのか、実際の例を見ていきたい。

前述したように、政府はリテラシー向上プログラム「生活のための言語」を進めており、各自治体にその実施を任せているのだが、アムステルダムでは「生活し学ぶ！（Leef en leer!）」という名称でプログラムが実施されており、公共図書館が深く関与している。プログラムは、オランダ語、数学、コンピュータスキルを向上させたいと考えているアムステルダム在住者、ボランティア、リテラシー関連団体のマッチングシステムから構成される。

学習プログラムは、インターネット上で受講するものと、地域で開催される講習会が中心である。ボランティアや関連団体を支える仕組みもつくられているので、プロジェクトにボランティアとして参加する場合は、語学コンサルタントから助言を受けることも可能となっている。

講習会の会場は、「生活し学ぶ！」のウェブサイトが提供している地図を使えば簡単に探し出すことができる。高齢者センター、地区センター、移民団体などさまざまな場所があるが、図書館はそのなかでも特別な役割を果たしている。もちろん、他の公的な場所と同様、リテラシーのための小規模な講習会を開いているが、そのほかにも「オランダの広場（Het NL Plein）」を図書館内に設けて、語学やコンピュータに関する基礎スキルに必要とされるツールを集約させている。

リテラシープログラム「生活し学ぶ！」のパンフレット

二〇〇七年から、オランダでは移民に対して「市民化テスト（inburgeringsexamen）」が義務づけられた。これは、オランダ語とオランダ社会・文化の理解度を試すテストである。もう一つ、移民のオランダ語のスキルを測るテストとして、国家試験となっている「ＮＴ２テスト（Nederlands als tweede taal）」がある。図書館では、この試験勉強のために利用者用の端末を開放して、試験準備のためにつくられた学習ツールのほか、市民化テストの準備に必要となる、オランダの文化、習慣、地理、歴史に関する情報が学べるコンテンツも提供している。

ほとんどの分館では、週一回程度、「生活し学ぶ！」プロジェクトに連動した無料の学習相談時間が設けられている。そこにはボランティアの相談員がいて、語学やコンピュータ操作、そしてインターネットの使い方に関する相談ができるし、この学習相談時間では、もちろん「市民化テスト」と「ＮＴ２テスト」に関するアドバイスも受けられるようになっている。

リテラシーへの支援団体が、この活動のために図書館を使うことも頻繁にある。公共図書館で一番よく見かけるのは、語学を練習するためのパートナーシップ制度を利用する人びとである。アムステルダムでは、リテラシー支援に関して「言語コーチ（taalcoach）」「言語アンバサダー（taal ambasaddor）」「言語仲間（language budy）」という三段階のパートナーシップ制度が用意されている。なかでも、最後の「言語仲間」というのは教える側と教わる側のマッチングシステムで、移民・難民は「言語仲間」から気軽な雰囲気で会話を教わることができる。この「気軽な雰囲気」を醸し出す場所として、公共図書館は最適なのだ。

さらに公共図書館は、リテラシー支援のための場所を提供しているだけでなく、その主役となるボランティア募集に関する情報提供の場所ともなっている。ある図書館には「言語アンバサダー募集」というカードが置かれていた。カードの表面には、移民と思われる女性の写真に添えて「読み書きができるようになって自由を得ることができました！　ヴェラ（言語アンバサダー）」と書かれ、裏面にはボランティアセンターの連絡先が書かれていた。このように、図書館には教わる人のための情報と教える人のための情報の両方が集まってくるのだ。

リテラシー支援のためのボランティアを呼びかけるカード

四つのプログラムで住民のコンピュータスキルの修得を支援する

デジタルスキルに関しては、四つの柱となるプログラムを通じてコンピュータリテラシー修得を目指す住民をサポートしている。

一つ目は、集中講座「デジタルスキルに強くなる（Digisterker）」である。オランダは電子政府へ移行しつつあり、税申告の関連、福祉手当や給付金などの申請では「DigiD」と呼ばれる個人識別ＩＤを使って、オンラインで行うことが推奨されているからである。

また、年金給付のために郵送されていた通知文書も、今後は個人に割り当てられた「デジタルポスト」を通じてメール配信されることが決まっている。そのため、コンピュータ操作に不慣れな高齢者を対象にしたコンピュータ講座が開催されている。この講座は、電子政府へのアクセスと利用について一通りのスキルを習得するために、四回の連続講座となっている。参加は無料だが、テキスト代として一〇ユーロ（約一三〇〇円）を支払う。

二つ目は、フリースタイルのコンピュータ講座「DigiD立ち寄り相談（Inloopspreekuur DigiD）」である。これは「DigiD」の登録や、電子政府サービスの利用方法について直接担当者に相談できるプログラムである。相談は無料であるが、相談する場合は、自分のコンピュータ、タブレットなどを持ってくることが推奨されている。

三つ目はコンピュータの基本的な使い方を学ぶ「クリック＆タップ（Klik & Tik）」で、初心者を対象としたものだ。受講者は九〇分の講座を七回受けることになる。参加費は無料で、テキスト代として一〇ユーロ（約一三〇〇円）がかかる。この講座は、次の三つの段階に分かれている。

①**第一段階**――コンピュータの起動、テキストの作成、電子メールの使い方を学ぶ。
②**第二段階**――ウェブサイトの閲覧、検索エンジンの利用法などインターネットの基礎を学ぶ。
③**第三段階**――Facebook, Skype, WhatsApp, Instagram, LinkedIn, YouTube などのＳＮＳの安全な使い方を学ぶ。

クリック＆タップ（Klik & Tik）のパンフレット

四つ目は、タブレットや電子書籍について相談できる「タブレット・カフェ（Tabletcafé）」で、カフェが開かれている時間帯に自由に立ち寄って、無料で相談ができる。

これらのコンピュータとインターネットの基礎的な使い方が学べる講座は、アムステルダムだけではなくどこの地域の図書館でも開催されている。コンピュータについて学びたければ図書館に行く、というのがもっとも手軽な方法となっているのだ。

3 通常の情報アクセスが困難な人びとへのサービス

「プリントディスアビリティ（print disability）」とは

情報とアクセスに関する保障は、基本的人権の保障と同義である。だから図書館は、すべての人への情報提供をその使命とし、活字資料にアクセスが困難な利用者、とりわけ視覚障碍者に対しては代替メディアを提供することで基本的人権を守ってきた。

障碍者への情報提供の歴史はすでに一〇〇年を超え、図書館の基本的サービスに位置づけられている。二一世紀に入ってからは、図書館界は情報へのアクセスが困難な人びとへのサービスに関して、視覚障碍者からより広いグループに拡張して、見えにくい人すべてを対象にするようになった。というのも、情報のアクセスが困難な人は視覚障碍者にとどまらないからである。視覚以外の障碍が理由で文字が見えにくい人、リテラシーが低いために情報の内容理解が難しい人など、情報へのアクセスが困難となる人びとはたくさん存在しているのだ。

図書館界では、通常の文字情報へのアクセスが困難な状態を「プリントディスアビリティ」と呼称して、これまで文字を読むことが困難な人びとを一〇〇年以上にわたって支えてきた実績を最大限に発揮してサービスを提供している。前述したように、これまでは「視覚障碍者サービス」

を中心にしてきたのだが、近年は「読むことが困難な人」としてその定義をかなり拡張してサービスを展開している。具体的には、視覚障碍者、肢体不自由者、知的障碍者、読み書き困難者、聴覚障碍者、一時的読字障碍者、認知機能障碍者など、その対象はかなり広い。

プリントディスアビリティを有する利用者に対しては、基本的には視覚障碍者用の資料としてこれまで図書館が提供してきた資料を活用しながらサービスを行っている。点字図書、拡大図書（大活字図書）、録音図書、触る絵本などがあるが、最近とくに注目が集まっているのが「DAISY資料」と呼ばれるデジタル資料である。

「読みやすい図書」と「読みやすい広場」

DAISYは、デジタル録音による資料制作のための国際規格としてスウェーデンで定められた。最近では、音声に加えてテキストデータや画像データを加えたマルチメディア型資料が増えている。これ以外にも、同じくスウェーデン発の「読みやすい本（lättlästa böcker・LLブック）」も注目されている。(2)

プリントディスアビリティのなかでも「ディスレクシア（Dyslexia）」と呼ばれる文字認識に困難を抱える人びとに対して図書館界は、図書館の利用を積極的に広報している。ディスレクシアとは、知的理解力や知的能力自体に問題がないにもかかわらず、文字の読み書きに著しい困難を抱えている症状であり、ギリシャ語の「困難（dys）」と「読む（lexia）」に由来している。

失読症、難読症、識字障碍、読字障碍、読み書き障碍などと呼ばれることのあるこれらの人々に対して国際図書館連盟は、「ディスレクシアですか？　だったらどうぞ図書館においでください」と書かれたパンフレットを九か国の言語で配信している。何といっても、文字を読むことは図書館利用と分かち難く結び付いているからである。

オランダの図書館は、ディスレクシアの子どもへの図

（2）「読みやすい図書」とは、読書にかかわるバリアを視覚的・内容的に取り除いて、読みに困難をもつ人が読書の楽しみを得られるようにつくられた本のことである（小林ソーデルマン淳子、吉田右子、和気尚美著『読書を支えるスウェーデンの公共図書館――文化・情報へのアクセスを保障する空間』新評論、二〇一二年、一七二～一七五ページ参照）。

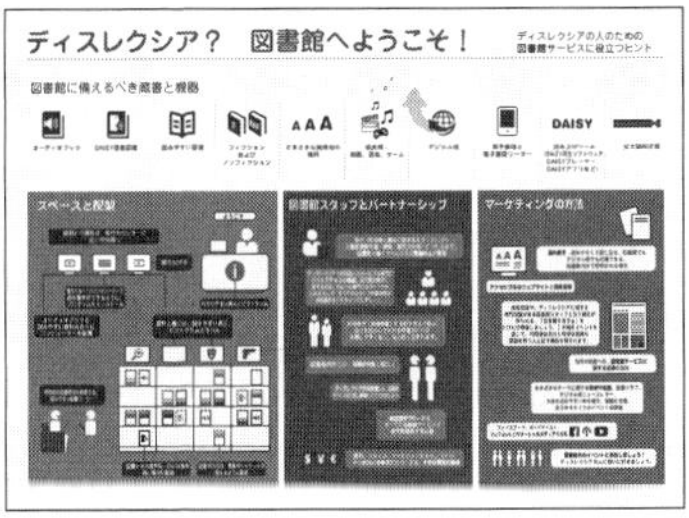

国際図書館連盟のパンフレット（日本語版）（出典：「ディスレクシア？　図書館へようこそ」https://www.ifla.org/files/assets/lsn/publications/dyslexia-guidelines-checklist-ja.pdf）

プリントディスアビリティを有する人に図書館の利用を呼びかけるパンフレット

書館サービスにもっとも早く着手した国として知られる。児童図書館の職員で、子どもがディスレクシアだったエルナ・ハワーズ（Erna Houwers）氏が二〇〇二年に「読みやすい広場（Makkelijk Lezen Plein）」を設置することを考え付き、アムステルダムから電車で一五分ほどの所にあるハールレム図書館（Haarlem bibliotheek）で実践に移している。

「読みやすい広場」には、図書、オーディオブック、DAISY資料、ビデオ、雑誌、コンピュータゲームなどが置かれた。このコーナーにある資料へのアクセスにも考慮した表示が取り入れられており、子どもたちが読みたい気持ちになるようにコーナーのレイアウトにも工夫がこらされている。(3)

公共図書館はバリアフリー空間

現在では、どこの公共図書館にもプリントディスアビリティを有する人びとへの資料が用意されている。その代表ともいえる大活字本は、一〇年ほど前までは弱視の利用者のための資料として特別に扱われていた。しかし今では、利用者として高齢者が多くなったことを反映して、通常の資料と同じように、誰でも気軽に使えるように図書館側でも積極的に提供するようになった。

ここで紹介してきたプリントディスアビリティに関して言えば、小規模館は自前で資料を調達せず、大規模館や州支援機関（二八ページ）を通じて入手している。依頼を受けた機関のコレクション担当者は資料を選択して小規模館に送り、一定期間が経つとまた別の資料に取り替えるのである。このように少ない資料を循環させることで、利用者にサービスを提供している。

4　図書館の専門職員と利用者

オランダ公共図書館の多彩なサービスの中心にいるのが司書と、図書館で実施されるプログラムを担当する専門職員である。情報・文化と利用者を結び付けるのが図書館の役割であり、豊かな図書館サービスを提供するためには、司書以外の専門職員の存在が必要になっている。今回インタビューに応じてくれた人びとの肩書きも、図書館財団運営主任、成人教育・文化プログラム専門

（3）　野村美佐子「欧州の図書館におけるディスレクシアの人々を対象にしたサービス」、『カレントアウェアネス』311、二〇一二年三月二〇日．CA1765．動向レビュー。

大活字本を入り口に置いている図書館（ベイルメールプレイン図書館）

大活字本には「G」というマークのシールが貼られている

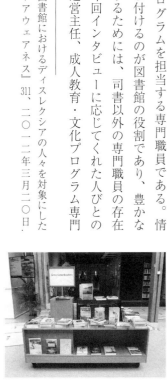

スタッフ、情報教育専門家とさまざまであった。

メディアコーチとしての司書

北欧の司書は、自分たちのことを「文化メディエイター（文化の仲介者）」と名乗っていたが、オランダでは「メディアコーチ」という呼称をよく耳にした。図書館が提供するメディアが多様化するにつれ、図書館職員の仕事もダイナミックに変化している。司書は伝統的な図書館関連の業務に加えて、デジタルリテラシーにかかわる専門職として、利用者のデジタルスキルを向上させるために、館内で積極的にメディア利用にかかわる支援者的な役割を担うようになった。こうした新たな図書館員の役割を言い表す言葉が「メディアコーチ」である。

司書の仕事はメディアの変化とともに変わっていく。その変化の兆しを見逃さず、まさにその変化のポイントを図書館の中心的な役割として位置づけながら、自らの仕事に取り組む司書のアイデンティティを表した表現の一つが「メディアコーチ」という名称なのだろう。では、実際に、図書館で司書はどのようにメディアコーチとして活躍しているのだろうか。その具体的な仕事を、館内の設備とともに見ていきたい。

レファレンスサービスは司書のもっとも重要な仕事

　司書は、情報の専門家として利用者からさまざまな質問を受け付けている。この情報提供サービスを、図書館界では「レファレンスサービス」と呼んでいる。そして、レファレンスサービスを受ける場所が、「レファレンスカウンター」と呼ばれる司書が待機するコーナーである。「レファレンス」には馴染みがないということで、「情報コーナー」などの名称を使っているところも多い。

　オランダでは、この情報コーナーで新たな試みが進行している。それは、このコーナーをフロアの真ん中に設置し、立ったまま利用者に対応するという方法である。

　これまでは、司書と利用者はお互い机を挟んで座り、話をしていた。このスタイルだとどうも「取り調べ」のような感じがするので、最近では司書と利用者が机の隣り合ったあたり、つまり九〇度の角度で座わるというスタイルが増えてきた。さらに進化したスタイルが、立ったままで利用者とコミュニケーションを取る方法である。情報デスクを空間の真ん中に設置して、利用者がどこからでも司書に

どの方向からも司書にアクセスできる

近づけるようにしたわけだ。

情報コーナーの改革についてある司書が、「これは、積極的にサービスの前線に出てゆく司書の姿勢を情報デスクのあり方で表したものです」と表現していた。利用者にとっては便利だが、全方位からアプローチを受ける司書のほうはかなりストレスを受けることだろう。

実際、このシステムには賛否両論があり、新しいやり方にあまり乗り気でない司書もいるようだ。完全な立位スタイルへの移行を迷っている図書館では、少し腰を下ろせるようなハイスツールを置いているところもあり、逡巡が椅子の種類に現れている。とはいえ、あらゆるサービスにおいて利用者の利便性を優先する改革はどんどん進んでいる。

スタッフの健康への配慮

健康でないとよい仕事はできない。これはどんな職業でも同じことだが、オランダでは、司書が健康的に働くための工夫を垣間みることができた。今回訪問したスタッズプレイン図書館(Bibliotheek Stadsplein)のことだが、スタッフルームに健康器具が置かれていたのには驚いた。また、休憩中にとるおやつをお菓子から果物に替えたという話も聞いたことがある。立ったままでの利用者への対応も、実は健康維持のためという理由がありそうだ。

そろいのポロシャツが図書館の制服

さらに驚いたのは、少し規模が大きい図書館にユニフォームがあったことだ。画一的な装いをよしとしないヨーロッパでは、制服を着用するというのは警察官や消防士などごく一部にかぎられていると思っていた。そのため、図書館でスタッフが揃いの制服を着て仕事をしていた様子を見たときは不思議な感じがした。

ユニフォームといっても、そこはラフな服装を好むオランダのこと、ポロシャツやかなり派手な水玉模様のシャツだったりする。そういえば、私がオランダに惹かれるきっかけとなった雑誌にも、駅伝の選手が使うような「たすき」を制服代わりに着用したユトレヒト中央博物館(4)のキュレイターが載っていたことを思い出した。たすきの下はデニムの上下で、やっぱりかなりラフな雰囲気を醸し出していた。いずれにしても、利用者にとっては一目で職員を見分けることができるのでとても便利である。

今回の調査では、複数の図書館職員が「私たちはもっともっと積極的に利用者に近づいていか

---

(4)　ユトレヒト中央博物館（Centraal Museum Utrecht）はオランダ最古の公立博物館で、一八二〇年に開館した。一九二一年に中世の修道院の跡地に移り、現在に至る。当初は古美術をメインのコレクションとしていたが、現在では近代アートや現代美術にコレクションの焦点を移し、ファッションやプロダクツデザインなど、新しい芸術作品をカバーする多彩なコレクションを誇る。

なければならないし、積極的に利用者のニーズに対応していかなければならない」と語っていた。図書館が社会の変化とともに大きく変わっているにもかかわらず、利用者は昔の図書館のイメージをまだもっているからだ。

また、図書館がコミュニティーにすっかり馴染んで、もはや空気と同じような存在になってしまっている北部ヨーロッパでは、図書館スタッフが自らの存在を大げさすぎるぐらいにアピールする必要もある。ユニフォームは、こうした問題を解決する一つの方法なのかもしれない。

仕事が捗りそうな明るい陽射しが入るスタッフルーム（ベイルメールプレイン図書館）

「ある日の図書館」

オランダに住む人びとは、図書館をどのように使っているのだろうか。ここでは、アムステルダム公共図書館が発行している広報誌にシリーズとして掲載されている利用者へのインタビューコーナーである「ある日の図書館」からいくつか紹介しよう。このページは、オランダにおける普段着の図書館の様子が伝わってくるので、いつも読むのを楽しみにしている。

「デン・ハーグで働いているのですが、今日は在宅日です。自宅が改装中なので、静かな場所を求めて来館しました。普段は中央図書館に行っています。彼女がその近くに住んでいるので、一緒に昼食を取ることができます」（トロン・三六歳）

「時間管理についての本を入手しました。オーディオブックもチェックしています。視覚に障碍をもつ知り合いがいるのですが、彼にとっても興味深いオーディオブックがあるかもしれません。一〇年ぶりにここに来たのですが、アムステルダム内を八回も引っ越しをしているので、本は買うより借りるほうが便利です」（ジュディス・二八歳）

「一月からこの図書館で仕事をしています。近隣に住む高齢者のためのプロジェクトに携わっています。高齢者の孤立を防ぐことを目的としているのですが、コーヒーを飲みながらニュースや、その週にあった出来事についておしゃべりしたり、クイズをしたりします。いつもとても和やかなんです」（ミーケ・五七歳）

「僕はこの地図みたいな本を借りて読むつもり。一回借り

本を探す親子連れ（ベイルメールプレイン図書館）

たことがあるんだけど、忘れちゃったからもう一度借りたいな。（リアム・八歳）

「リアムは情報本(5)が好きで、いつも質問攻めにされるんです。この図書館には、新しくなってから初めて来ました。開放的で、とても居心地がいいですね」（スレーン・三四歳）

「近所に住んでいて、毎日、新聞を読みに来ます。すでに引退しているので、新聞や雑誌を読むことで情報を得ています。ここにいるみんなを知っています。とてもいい人たちです」（エドガー・七三歳）

こうした住民の声から、公共図書館がさまざまな年齢の人びとに使われていること、そして利用者によって目的もさまざまで、バラエティーに富んでいることがよく分かる。

図書館でのボランティアに関して少し説明をしておきたい。アムステルダム市は例外的に図書館で働いている人はすべて有給職員となっている。しかし、他の地域では、住民がボランティアの形で図書館活動に参加している。子どもへの読み聞かせや移民を対象としたリテラシープログラムでは、ボランティアスタッフが大いに活躍しているそうだ。

(5) 情報本（informatieve boeken）とは、特定のテーマに沿って解説を加えた教育的な読み物で、図書館の子ども向けコーナーにはたくさん置いてある。オランダの情報本事情については以下を参照。野坂悦子「翻訳家に教わる 世界の子どもの本（2）オランダの出版事情」『こどもの本』39（2）、二〇一三年、一〇ページ。

第5章

オランダにおける公共図書館という空間

いつも大勢の人がいる利用者案内スペース（アルメレ新図書館）

今回の図書館調査でもっとも楽しみにしていたのは、オランダの図書館空間を実際に体験することだった。モダンな、さらに言えば、ありえないほど斬新な建築様式がオランダに惹かれた理由の一つでもあったからだ。日本を出発する前から、図書館にもオランダらしい意匠があふれているに違いないと確信していた。

1 公共図書館の四空間モデル

図書館界では、デジタル化が進展するなかで、物理的な空間としての図書館を捉え直す動きが二〇年ほど前から盛んになっている。コペンハーゲン大学の図書館情報学研究者ヨコムスン(Henrik Jochumsen)、ラスムスン(Casper Hvenegaard Rasmussen)、スコット＝ハンスン(Dorte Skot-Hansen)は二〇一二年に「図書館四空間モデル」を発表して、物理空間としての図書館の可能性を図書館界に問いかけた。[1] そのなかで、二一世紀の公共図書館を、次ページの**図2**のような「インスピレーション空間」「パフォーマティブ空間」「ミーティング空間」「ラーニング空間」という四つの空間から構成される多目的な文化空間として表現した。

図２　公共図書館の四空間モデル

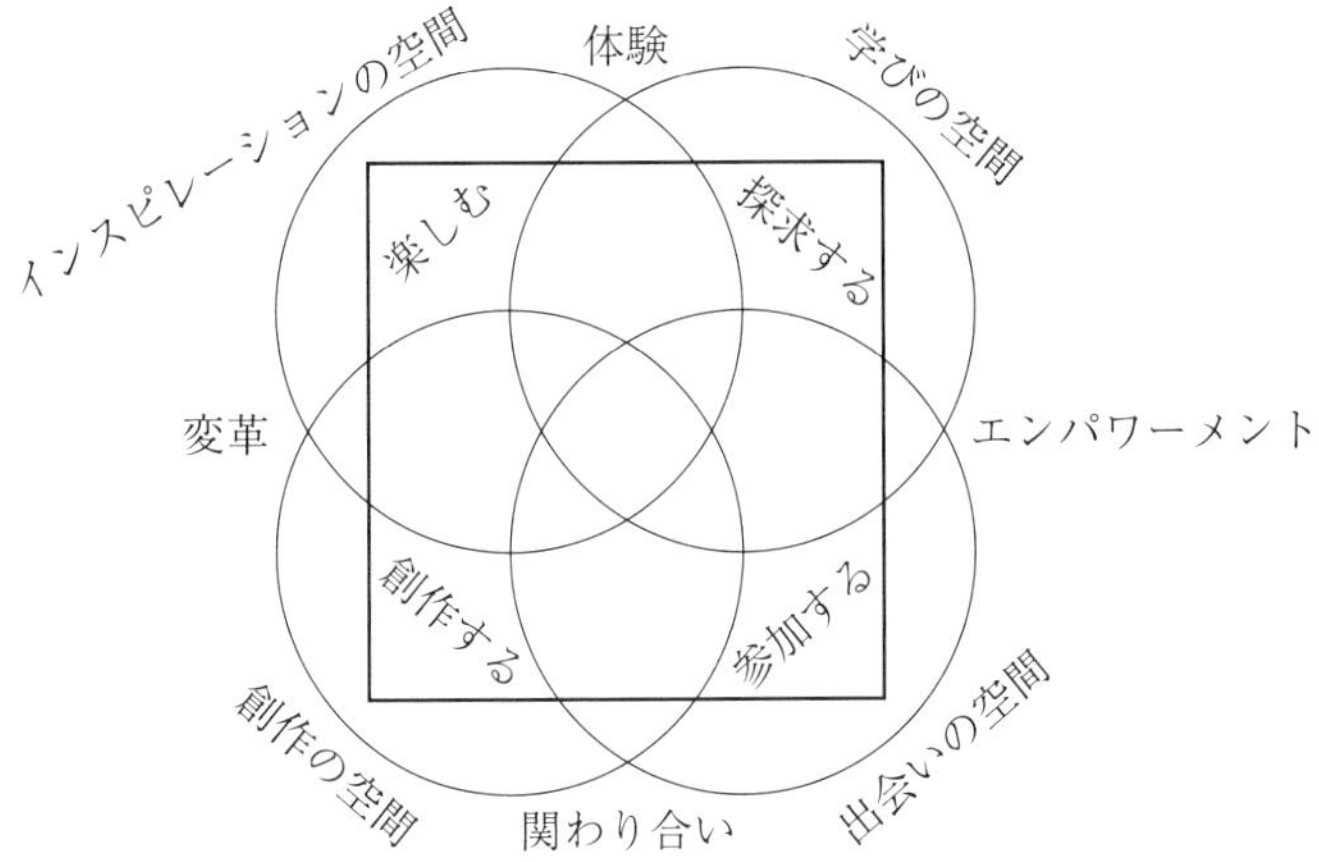

出典：Henrik Jochumsen, Casper Hvenegaard Rasmussen, Dorte Skot-Hansen, The Four Spaces - A New Model for the Public Library, *New Library World*, 2012, 113 (11/12), p. 589, Figure 1 に基づき作成

二一世紀の公共図書館を構成する四つの空間

四空間を簡単に説明しよう。「インスピレーション空間」はワクワクしながら文化的刺激を受けるスペース。「パフォーマティブ空間」は館内で受けた文化的刺激を外に向かって発信するクリエイティブなスペース。「ミーティング空間」は他者と出会うスペース。そして「ラーニング空間」は、文化的探求のための自律的な学びのスペースである。

（1）Henrik Jochumsen, Casper Hvenegaard Rasmussen, Dorte Skot-Hansen, The Four Spaces - A New Model for the Public Library, *New Library World*, 2012, 113 (11/12) p. 586-597.

これら四つの空間と利用者を結び付ける役割を果たしているのが、文化仲介者としての司書である。まさに、二一世紀の図書館のコンセプトを的確に示した構図となっている。

ところで、この図は「図書館の四空間モデル」と命名されているにもかかわらず、図書館が伝統的に扱ってきた資料や情報がどこにも見当たらない。それらはどこに隠れているのだろうか。この疑問をヨコムスンさんにぶつけてみた。

「情報・メディアへのアクセスを保障し、資料や情報を提供することは公共図書館の原則であり、自明のことです。だから、あえて図示していません」

という答えが戻ってきた。半世紀以上も前に図書館の基本的な制度とサービスを完成させた北欧の図書館は、これまでに確立した図書館のサービスモデルを土台に、新たな方向へと舵を切っていたのだ。

「インスピレーションの場」「ミーティング空間」「ラーニング空間」の三つは、これまでの公共図書館からも容易に理解することができる。だが「パフォーマティブ空間（図書館が創造の場）」と言われても、すぐにどんな場所か想像できる人は少ないだろう。どちらかと言えば、図書館はすでに創造された文化的な成果物を受け取る場といったイメージが強いからだ。

しかし、文化の受容と発信は連続している。たいていの場合、創作の始動は他者からの文化的な刺激がきっかけとなっている。だから利用者は気付かないかもしれないが、図書館では文化の受容と表現の連続を意識してサービスを行ってきた。図書館における情報の提供機能が情報の創造機能に比べて圧倒的に強いため、後者は前者の陰に隠れてしまっていたということなのだ。

時代が図書館に追いついたと言うべきかもしれない。インターネットの浸透によって個人が創作物を発信するために必要とされるハードルが低くなり、表現のための機会もかなり増えた。図書館は、やっと到来したこのチャンスを逃すまいと「創造空間」を前面に掲げるようになったというわけである。

図書館でモノづくり——「メーカースペース」が世界中の図書館で大流行

クリエイティブ空間は、資料のデジタル化によって図書館への足が遠のきかけている利用者に、再び図書館に来てもらうためのきっかけともなる可能性を秘めている。図書館は、クリエイティブ空間に自身の生き残りをかけているのだ。そんななか、図書館内に「メーカースペース」と呼ばれるモノづくり空間を新たに設置することが世界中の図書館界で流行しはじめた。

メーカースペースとは、情報の発信のためのさまざまなツールを図書館が無料で使えるようにしたコーナーのことである。図書館では、これまでも文房具からスキャナーのような機器まで、知的生産のためのツールを利用者に無料で提供してきた。メーカースペースはそうしたコーナーの延長上にあるサービスだが、３Ｄプリンターの登場がメーカースペースの流行に拍車をかけた。

ご存じのように、3Dプリンターとは二〇一〇年ごろから一般にも出回るようになった三次元プリンターである。だいぶ価格が下がってきたとはいえ、まだまだ「高嶺の花」の機器と言ってよいだろう。だから公共図書館は3Dプリンターを置いて、誰でも自由に使うことができるようにしたのである。

そもそも、海外ではプリンターやスキャナーを自分で持たず、図書館の機器を使うものと決めている人が多いため、利用者はすぐにメーカースペースに馴染み、図書館で新しいメディアに挑戦するようになっている。

3D プリンターを置いたメーカースペースコーナー。「みんな作り手」と書かれている（ライゲルスボス図書館）

メーカースペース発祥の地であるアメリカでは、「集める図書館から創る図書館へ（from collection library to creation library）」をスローガンに多くの図書館がメーカースペースを提供し、図書館利用者のモノづくりを推奨している。前述したように、このブームは世界中に広がり、オランダの図書館でももっともホットな話題となっている。大きめの図書館を訪問すると、必ずご自慢のメーカースペースに通された。

ニューウェハインにあるスタッズプレイン図書館の「メディアメーカースペース」で開かれているプログラムをご紹介しよう。もともとデジタルな仕掛けを強みとする図書館だけあって、そのプログラムはとても充実している。現在行われているプログラムは、「オープンラボ」「3Dプリンター」「技能アカデミー」「キッズ・メディアラボ」の四種類である。

「オープンラボ」は、六歳から一二歳ぐらいを対象にした、毎週土曜日に開かれている二時間のオープン参加のプログラムである。キャラクターグッズの作成、季節ごとのアクセサリーやおもちゃの製作を行っている。このプログラムは、参加費や機器の使用料がかからず、参加者は材料費の実費だけを負担している。

「3Dプリンター」は、九歳から一四歳ぐらいを対象にした九〇分のプログラムである。3Dプリンターの使い方を習いながら、ブレスレットからロボットまで、いろいろなグッズを製作している。このプログラムは有料で、会員は五ユーロ（約六五〇円）、非会員は一二・五ユーロ（約一六〇〇円）となっている。

「技能アカデミー」は五歳から八歳を対象にした九〇分の講座で、アニメーションのプログラミングを習うプログラムである。三回の連続講座になっているので、参加費は会員が一五ユーロ（約二〇〇〇円）、非会員は二二・五ユーロ（約三〇〇〇円）と少し高くなっている。

最後の「キッズ・メディアラボ」は、参加無料のプログラムである。九歳から一二歳を対象とした、ブログ、インスタグラム、ビデオブログの講習会である。

このように北部ヨーロッパの図書館は、インスピレーションの場、創造の場、出会いの場、学びの場を包み込む柔軟性のある空間となっている。利用者の多目的な活動を可能にする空間とは一体どのようなものなのだろうか。オランダの公共図書館の物理的な空間を実際に紹介しながら説明していきたい。

2 記憶装置としての図書館

まず、図書館の建物自体に目を向けてみよう。北部ヨーロッパには、住居であっても施設であっても、メンテナンスを施しながら古い建物を長期にわたって大事に使う文化がある。その流れを受けて、最近、ヨーロッパの図書館界で話題になっているのは、各地域の古い建物の図書館へのリノベーションである。オランダでも、病院を改装した図書館や、小麦交換所の建物を使った図書館が話題になった。

子どもたちが公共施設の利用を通じて、自分の父母が見慣れた風景、そして祖父母がかつて見た光景を同じく目にすることは、地元への愛着心を育むうえでとても大事なことだ。もちろん、施設への当事者意識も高まるため、古い建物は公共図書館にかぎらず積極的に転用されている。それ以上に、図書館が古い建物をリノベーションして利用することには、愛着心以上に重要な意味をもっている。建物には記憶が残されているから、その記憶とともに図書館が存在していくことは、過去の記憶を記録する役目をもつ図書館そのものを表していると言える。

というわけで、古い建物をリノベーションした図書館がオランダにもたくさんあった。今回の訪問館には、古いチョコレート工場をリノベーションした図書館も含まれている。

図書館選びは魅力的な佇まいから

アムステルダムには二六館の図書館がある。巨大なアムステルダム中央図書館を除けば、あとの図書館はそれぞれの地域に根ざす小規模な図書館ばかりである。図書館を回るときにはいつもそうするのだが、今回も調査館を決めるためにアムステルダム公共図書館のウェブサイトから各館のページに飛んで、一つ一つの図書館の説明をチェックしてみた。

案内ページには、各図書館の基本的なデータ、アクセス方法、そして特徴などが書かれているのだが、必ず付いているのが建物の写真である。デ・ハーレン図書館（OBA De Hallen）とファン・デル・ペック図書館（OBA Van der Pek）、この二館は一目見て、現地に行ったら必ず訪問したくなるような佇まいを見せていた。前者は古い建物をリノベーションしたショッピングモールに入っている図書館、後者は見たこともないような、どことなくユーモラスな外観をもつ図書館である。そして、実際に訪ねたわけだが、期待を裏切らないユニークな図書館であった。

トラム操車場跡地のなかにある「デ・ハーレン図書館」

まず、デ・ハーレン図書館からご紹介しよう。ショッピングモールに図書館を設置するという例は、図書館界ではかなり一般的なトレンドとなっている。理由は単純で、人がよく集まるから。北欧でも一五年ほど前から、新しい図書館をショッピングモールの中に設置するケースが増えてきた。広大な敷地面積をもち、建物はピカピカ、多くの店舗が入居する新しいショッピングモールに図書館を誘致するのである。

しかし、デ・ハーレン図書館が入ったショッピングモールはそうした新しいモールではなく、古くからあるトラムの操車場を、内装だけリノベーションして造られたショッピングモールであった。

施設の中には、九つのスクリーンをもつ映画館や多目的なイベントに使われるテレビスタジオ、ホテル、図書館、保育園、レストラン、フードコート、パサージュ、クラフトセンター、手頃な値段で新進アーティストの作品をレンタルしたり購入できるギャラリー、デニム工場、美容院、そしてオランダならではのお約束事、六〇〇〇平方メートルの広い駐輪場が整備されていた。

訪問客のお目当てはといえば、このショッピングモールの中心にある巨大なフードマーケット「フードハーレン（Foodhallen）」である。ちょっとしたおつまみを食べながら軽くビールを飲むバー、アジア系のエスニックレストラン、そしてイタリアンレストランまであらゆる種類の食べ物を扱う店が軒を連ねている。図書館に行くために近くの店でショッピングモールの場所を尋ねたときも、「ああ、フードマーケットのことね」と即座に場所を教えてくれたほど、デ・ハーレンのフードコートは近所で有名な場所となっている。

私がここを訪れたのは日曜日の午後二時ぐらいだが、どのお店も超満員であった。カメラを片手にはしゃいでいる観光客もいれば、いかにも常連客らしく落ち着いて食事をしている家族もいる。そんななかを、陽気なスタッフがキビキビと楽しそうに働いていた。

元トラムの操車場をリノベーションしたショッピングモールの入り口

いつも大勢の人びとでにぎわっているフードコート

このフードマーケット、行って食べるだけでなく、配達もしてもらえるらしい。料理の運搬は、「フードラ（foodora）」と呼ばれる配達員がオランダらしく自転車で行っている。ちょうどデ・ハーレンを出た所で、調理された料理が入った巨大な容器を背負ったフードラたちが元気よく配達に向かう姿を目撃した。

こんな魅力的なデ・ハーレンの中に、アムステルダム公共図書館の分館が入っている。アムステルダムでは、最近「読書カフェ（Leescafé）」を名乗る図書館がいくつかあるが、デ・ハーレン図書館もその一つである。

図書館とは別の運営組織が経営するカフェ「ベルカンポ（Belcampo）」は、入り口部分を占めている。カフェに置かれているのは、図書館が所蔵する雑誌や新聞である。図書館が休館のときでも、住民はカフェスペースで雑誌と新聞にかぎって図書館資料を自由に閲覧することができる。ちなみに、カフェのテーブルや椅子を使うときには飲み物を注文する必要がある。雑誌・新聞を閲覧するだけのときは、カフェの隅にある専用テーブルを使

デ・ハーレン図書館に併設された読書カフェ「ベルカンポ」の看板

颯爽と出前に出掛けていくフードラ

うことになっている。

一つの空間を多様な用途で使えるようにデザインするのはオランダの得意技だが、このカフェも、一階は大きなテーブル中心のスペースで、中二階は一人作業に向いた机が、モールの通りを眺め下ろす位置に配置されている。集中して仕事をし、ふと疲れたときに顔を上げると、モールを行き交う人びとの姿が目に入るという理想的な仕事空間である。

パン屋をリノベーションした小さな「ファン・デル・ペック図書館」

デ・ハーレン図書館とともにぜひ行ってみたいと思ったのは、ファン・デル・ペック図書館である。図書館紹介に掲載されていた写真はごくごく小さなものだったが、一目でそのユニークな建物に惹きつけられてしまった。

オランダの場合、分館はたいてい大きな建物の一角を間借りしている。しかし、ファン・デル・ペック図書館は珍しく独立

昔の建物の佇まいを生かした空間が図書館の雰囲気と調和している（ファン・デル・ペック図書館）

元パン屋をリノベーションしたファン・デル・ペック図書館

した建物だった。それに、全体的にとてもユーモラスな形をしていて、図書館が覆う権威的な雰囲気が一切ない。実際に訪れて司書に話をうかがったところ、この不思議な図書館の謎がすぐに解けた。この建物は、かつてはパン屋だったのだ。一階が店舗、二階が従業員の住居だった建物を、丸ごと図書館に転用していた。

デ・ハーレン図書館もファン・デル・ペック図書館も、どちらも昔からこの地域にあった建物が今では図書館になっている。みんなが「ああ、あそこね」と思い出せる建物が公共施設に生まれ変わるというのはとても素敵なことだ。このように古くからの建物を活用する一方で、オランダにはモダンな図書館もたくさんある。

ところで、図書館の入り口といえば、建物を間借りしている分館の場合、図書館が埋没してしまわないように道ゆく人へのアピールが欠かせない。だから、分館に務める図書館員の朝一番の仕事はといえば、通りに図書館の看板を出すこととなる。

集合住宅の１階部分にある分館

図書館の入り口

3 本が少ないオランダ公共図書館

館内の案内はデジタルサイネージで

さて、図書館の中に入ってみよう。図書館は不特定多数の人が訪れる場所だから、館内表示はとても大事となる。オランダの公共施設の館内にある案内表示は、どこでもとても見やすいものになっている。館内図が壁にはっきりと示されているほか、床面を使って案内している図書館もある。

館内表示について、前回の訪問から大きく変わった点といえば、どこの図書館にもデジタルサイネージが導入されていたことである。館内図も、このデジタルサイネージに示されていた。

本が少ない図書館？

館内を見渡してすぐに感じるのは、「本が少ない」ことである。図書館は本を置くところなのに？　という疑問をもつ人もいらっしゃることだろう。だが、すでに紹介したように現在の図書館は、読書のための専用空間から、読書を含めてあらゆるメディアにアクセスし、文化活動を楽しむ多目的空間になっている。

利用者に図書館でいろいろな活動をしてもらおうとすると、相対的に図書館から本が少なくなる。リノベーションにあたって、すでに読まれなくなった大量の本を廃棄したとか、新館設立の設計段階で書架の数を大幅に減らしたという話をよく耳にする。「本をあまり置かない」ことは、二一世紀の図書館にふさわしい決断と言えそうだ。

居心地のよい空間

オランダの図書館は、まさに「自宅のリビングのような」場所となっている。座り心地のよい椅子に、オランダらしいテキスタイルのクッションが置かれていることも多い。照明がやや暗めなのは、北部ヨーロッパに共通した特徴である。

図書館はピカピカに明るい場所と信じて疑わずにいたので、最初、北欧の「ほのぐらい図書館」にはびっくりしたが、慣れてくるとある程度の暗さに落ち着きを覚えるようになった。

モダンなスペースのなかに、わざと「昔の佇まい」を残してお

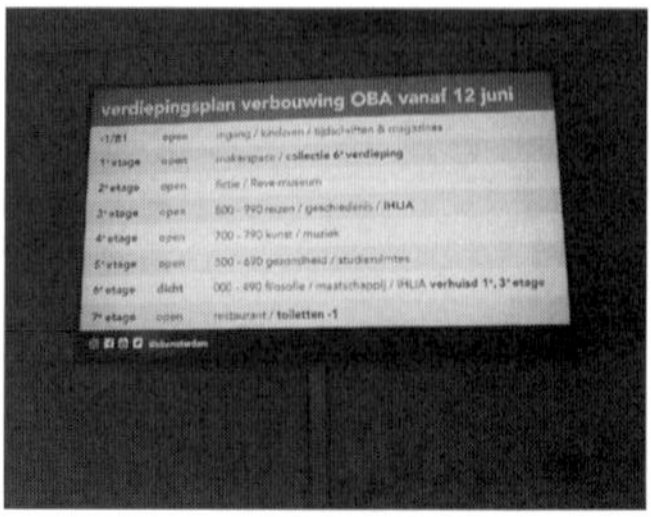

館内図はデジタルサイネージに映されている（アムステルダム中央図書館）

どこの図書館でも書架には十分な余裕がある（アムステルダム中央図書館）

リビングのような雰囲気をもつ図書館空間

キャスター付きの書架がよく使われている（リンネウス図書館）

自宅の居間のようなソファが置かれている（ベイルメールプレイン図書館）

ユニークな照明器具を使っている図書館が多い（バンネ図書館）

落ち着いた読書コーナー（ファン・デル・ペック図書館）

ほのぐらい空間を好む人びとに合わせて館内も暗め（ファン・デル・ペック図書館）

モダンな空間に伝統的な図書館スペースを残している（アムステルダム中央図書館）

くのも北部ヨーロッパの図書館ではよくある。利用者の世代によっては、モダンな図書館の一角にこうした空間を見つけて安心する人も多いことだろう。

北欧の図書館でもよく見かけたキャスター付きの書架は、オランダでも活躍している。地震がほとんどない北部ヨーロッパならではものだが、キャスター付き書架のよい点は、スペースを自由にデザインできることである。模様替えも、思い立ったらすぐにできる。

利用者のスペースにも、空間利用の柔軟性が発揮されている。一人で読書や学習もできるし、椅子を動かせば親密な形で語り合うことのできるスペースにもなるフレキシブルな空間がその例と言えるだろう。公共図書館が待ち合わせ場所や、住民のミーティングスペースとして気軽に使われるのは、こうした空間の柔軟性も影響している。

読み聞かせのスペースに最適な階段（バンネ図書館）

階段を広場に見立てる演出

「オランダの図書館の特徴は?」と聞かれれば、「階段」について語らないわけにはいかない。

訪ねた図書館ほぼすべてに階段があった。「いったい何のために？」と思うような巨大な階段が、図書館の一番よい場所を占拠している場合もある。ここまで大きいと、もはや「広場」と呼んだほうがよいかもしれない。

利用者は、自然と階段に集い、思い思いの格好で寛いでいる。もちろん、読み聞かせスペースとしても階段は最適の場所である。もし、図書館が一冊でも多くの本を提供することだけを目的としていたら、この階段空間はまったく無駄なものとなる。階段スペースを潰して書架をつくり、そこに本を収めたら一体何倍の本が置けることだろう。でも、オランダの公共図書館の目的はメディアを介した人と人とのコミュニケーションだから、これでよいのだ。

透明なエレベーター

透明化作戦

「透けさせる」ことも、オランダの図書館の得意技となっている。資料の無断持ち出しを防止するためのセキュリティ装置である「ＢＤＳ（Book Detection System）」も見事に透けていて、存在感がほとんど感じられない。利用者の多くも、その存在に気付いていないのではないかと思うほどである。

スケルトンの機器を使うだけでなく、館内の間仕切りを半透明にしたり、書架の側板に透ける素材を使ったりするといった工夫もよく見かけた。この「透明化作戦」は、電子機器が多くなってきた図書館空間で機器類の存在感を抑えるためにとても有効である。もっとも、こうした工夫は図書館の専売特許とは言えない。駅に設置されているエレベーターも、安全面での配慮なのか透けていた。

トイレ

トイレについても紹介しておこう。北部ヨーロッパの図書館のトイレは、大きく三種類に分けることができる。そのまま普通に入れるトイレ、スタッフに鍵を借りて使うトイレ、そして小銭をドアに投入して入る有料トイレである。大規模館では自由で使えるようになっているトイレが多く、分館では鍵を借りるケースが多い。ちなみに、有料トイレはかなりの少数派となっている。

資料無断持ち出し防止装置BDSも透けていて存在感が少ない（バンネ図書館）

左はトイレで、右は利用者用デスク（ベイルメールプレイン図書館）

施錠してあるトイレの場合、カウンターの職員にひと言かけて鍵を借りることになるのだが、この鍵、いや鍵に付いているキーホルダーがとてつもなく大きい（一六一ページの写真参照）。これだけ大きいと、紛失のしようがない。

4 資料の魅力を引き出す仕掛け

館内の様子を紹介してきたが、ここからは資料の見せ方について説明していこう。いかに資料を魅力的に配置するかは司書の腕にかかっているが、北部ヨーロッパでは、どこの国に行っても資料の見せ方がとてもうまく、いつも感心させられてしまう。

そもそも書架に収められた資料数が少なく、書架全体にゆとりがあるからだろうが、それにしても魅力的な資料空間がつくられている。背の高い書架に、ぎっしりと図書が詰め込まれているような公共図書館はほとんどない。それどころか、書架を増設すればまだまだ資料数を増やすことができるスペースに巨大なスチール写真をはめ込んで、利用者の読書欲をかきたてる工夫をしている図書館があるほどだ。

どの本にも内容を示すシールが貼ってある

これもオランダ公共図書館の大きな特徴だと思うのだが、ほとんどの図書館では、本の背に内容を示すイラストシールが貼られていた。利用者がお目当ての本を探しやすいようにという配慮である。

この方法については、「掟破り」だと考える図書館関係者が多いのではないだろうか。利用者がすべての資料に対し、先入観をもたずにフラットな気持ちで接することを何よりも重要視してきた図書館界では、たとえその資料が乳幼児を対象とした絵本だとしても、内容を示すシールを貼ることには躊躇いを覚える人のほうが多い。オランダのシール付き資料を見たときに驚いたのは、そんな理由があったからだ。

子ども向けの図書のカテゴリーとしては、アドベンチャー、伝記、ミステリー、動物、家族愛、ホラー、歴史、ユーモア、戦争、教育、SF、社会・政治、スポーツ、ファンタジー、海洋物語などがあった。「海洋物語」というカテゴリーがいかに

子ども用のカテゴリーシールの写真

子どもの本は年齢別に分けて配架されている（ベイルメールプレイン図書館）

もオランダらしいところだ。一方、大人向けの本には「エロティシズム」が加わったりする図書館もあった。

　このシールは、主題のある図書だけでなく小説にも適用されている。オランダ、いやヨーロッパのほぼすべての図書館にある村上春樹の小説にもこのシールは貼られているのだが、彼の深い小説世界に当てはまるカテゴリーシールを一つに決めるのが難しいようで、真っ白なシールが貼ってある小説も多かった。

　彼の小説は、恋愛小説であると同時にミステリーやファンタジーでもあったりする。苦肉の策なのだろうか、「考えさせられる小説」に分類されていたりもした。

　本選びのサポートと言えば、オランダの図書館ではどこに行っても子どもの本が年齢別に分けて並べられているので、保護者は年齢に合わせて簡単に本を選ぶことができるようになっている。書架自体がレファレンスの機能をもっているのだ。

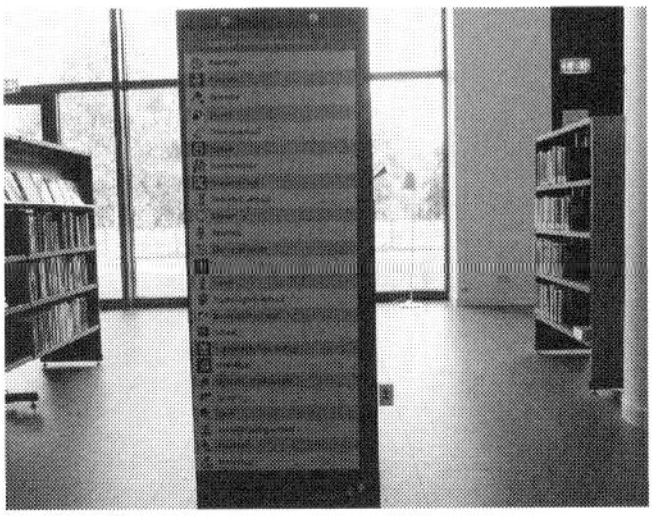

大人用のカテゴリーシールの写真

村上春樹の図書

図書館が書店に近づいてきた

基本的に図書館の本は、「十進分類法」と呼ばれる方法によって並べられている。この分類法は、アメリカの図書館学者メルヴィル・デューイ（Mervil Dewey）が考案したもので、図書館の資料を対象とした独自の主題別分類法である。この分類法では、図書館資料一点につき一つの分類番号が与えられている。この分類番号に忠実に本を並べていくと、すべての資料が主題別に整然と書架に並ぶことになる。

この便利な分類法は、瞬く間に世界中に広まった。しかし、図書館にとっては好都合なこの方法、実は利用者にとっては必ずしもベストな分類法ではなかった。一番の欠点は、利用者が一緒に探す確率の高い主題が分類番号上では遠く離れてしまうことである。

たとえば、「マラソン」について書かれた資料を探している人は、「ヘルシーな料理をつくるためのクッキングブック」を一緒に探すかもしれない。しかし、これらは十進分類法ではまったく異なる分類番号が与えられているため、図書館での配架位置が遠く離れてしまっていることが多い。

書店の本の並べ方と比べてみると、その違いがよく分かる。書店では、テーマは違っても合わせて読むとよい資料が近くに並べられている場合が多い。たとえば、秋の行楽シーズンに山歩きの本とアウトドアクッキングの本が隣り合わせに置かれていることは、書店ではごく普通の光景となっている。

このことに気付いた図書館は、コレクションの一部を「書店方式」で並べる実験的な試みをはじめている。オランダでは、「書店方式」を「小売店モデル」と呼んで、大胆にこの方法を導入している図書館もあるぐらいだ。何しろオランダでは、会員からの会費収入が運営費の要となっているから、利用者のニーズに合わせたサービスを重視せざるを得ない。

ほどよい量の本が並べられた心地のよい空間で、人びとはどのように過ごしているのだろうか。以下では、図書館空間における「音」と「飲食」について見ていくことにする。

5 ピアノの音色が流れる空間――公共図書館の音事情

ゾーニングによって図書館内の音声に対応

すでにご紹介したように、北欧の図書館は一九七〇年代以降、「静寂の場」から利用者同士が「会話を交わす空間」へと変化を遂げている。館内には、読書をする人以外にも、友だちとおしゃべりをするために立ち寄った人、司書に相談をもちかける人、ゲームをする人などでいつもにぎやかである。だから、大きな図書館には「静寂室」が設けられ、「館内で静かな環境を求める人」

が移動する仕組みとなっている。では、オランダの図書館はどうなっているのだろうか。

図書館で一番にぎやかなスペースは、何といっても子どもたちのエリアである。そもそもエネルギーがあり余っている子どもたちは、静かにしていることなんてできないし、図書館員もそのこと自体は十分に理解している。

とはいえ、音に対する考え方は図書館ごとに異なっているというのが実情だ。子どものスペースを館内の一番端に配置して、溢れ出る音声によるクレームを最小限に食い止めようとしている図書館もあれば、コンピュータゲームを楽しむための大型のプロジェクターをフロアの真ん中に置いている図書館もある。

大型スクリーンでゲームを楽しむ子どもたち（スタッズプレイン図書館）

ある分館を訪ねたときのことだが、館内がやけに薄暗いと感じたことがあった。いくら薄暗さを好む北部ヨーロッパの図書館だとしても、ちょっと暗い。そして、そこから大音響が聞こえてきた。館内の一部の電気を消して、子どものために大型スクリーンを使って映画上映をしていたのだ。

そんななか、ほかの利用者は気にする様子もなく、薄暗いなかで雑誌や本を読んだりしている。おそらく、この分館ではこうしたことは年中行事となっており、利用者は館内が部分的に暗くなることにも、大きな音が聞こえてくることにも慣れているのだろう。

音といえば、図書館内に人の声だけでなく音楽が流れてくることもある。アムステルダム中央図書館では、入り口を入った所にピアノが置かれ、すぐ脇には「演奏に自信がある方はぜひ自由に演奏してください」と書かれていた。演奏の技量は自己申告だから、おおよそ名演奏には程遠いと思われる演奏が館内に響きわたることもあるのだろう。でも、お構いなし、ということだ。

公共空間に置かれたピアノといえば、アムステルダム中央駅のものが有名だ。大勢の人が行き交う通路のまさに真ん中に、グランドピアノが「どん」と置いてあって、誰でも自由に演奏ができるようになっている。日本でも、地下鉄のフリ

アムステルダム中央駅に置かれた公共ピアノ（写真：カローラ・ベルデルボス　オランダ鉄道）

アムステルダム中央図書館のロビーに置かれたピアノ

ースペースでコンサートが開催されることが多くなった。同じような発想なのだろうが、オランダの場合はプレイヤーが通行人である。人前で堂々と弾けるだけの技量と勇気をもった人が多いことは、音楽文化における層の厚さを示しているように思える。

静かに読書を楽しみたい人のためのコーナー

では、こうした賑やかな図書館で、静かに読書を楽しんだり、集中して勉強したい人はどうしたらよいのだろうか。オランダの図書館では、にぎやかなスペースと静かなコーナーを緩やかに設ける「ゾーニング」によって相対する要求にこたえている。これは、図書館だけの工夫ではないというのも、北部ヨーロッパでは電車にも静寂車両があるからだ。

静寂車両以外の車両では、乗客のおしゃべりはもちろんのこと、聞こえにくいのかスマートフォンの動画をイヤフォンなしで視聴している高齢者がいたりと、音に関しての制限がほとんどない。公共機関で音に関して二つの空間が用意されていることに人びとは慣れているのだ。

静寂コーナーを使う利用者（ゴーダ図書館）

中規模館ではワンフロアーをゾーニングする方法が一般的となっているが、大規模館の場合は、フロアごとにスペースを分けることが可能となる。その場合、多くの人が気軽に立ち寄る一階はおしゃべりＯＫにして、二階を静寂空間にするケースが多い。静寂空間では、当然のことながら静寂が保たれている。話し声はまったく聞こえず、利用者は静かに、それぞれの活動に打ち込んでいる。

小規模館は全体のスペースがかぎられているため、利用者の要求にこたえることは結構難しくなるが、入り口付近の雑誌・新聞コーナーを「おしゃべりコーナー」と決めている場合が多かった。それ以外にも、特定のテーブルを静寂空間に指定している図書館もあった。

司書に図書館内の音について尋ねてみたところ、いくぶん抗議めいた感じで利用者から、「図書館は静かでなくていいんですか?」と聞かれることがあるそうだ。しかし、「二〇年前だったら図書館は静かな場所だったかもしれません。でも、今の図書館はいろんなことが行われています。だから、どうしてもにぎやかにならざるを得ないのです」とのことだった。

なるほど、図書館の多彩なプログラムを見ると、にぎやかになるのは当然だと思えてくる。

オランダの図書館では、同じ館内に何種類かの音響空間が存在していることになる。利用者は、静かに過ごしたいとき、賑わいを求めたいとき、その時々の気分に応じて自分の好きなスペースを選ぶことができるようになっている。これなら、誰でも一日中快適に過ごせるに違いない。

6 コーヒーの香りが漂う空間――公共図書館の飲食事情

フィッシュマーケットからのテイクアウトはNG

音の次は飲食について見ていきたい。公共図書館の飲食に関しては、国ごとにかなりの違いがある。私が経験したなかで、飲食の決まり事が一番緩やかなのが、原則的に飲食が自由にできるデンマークだった。一方、オランダの場合、図書館ごとに多少の幅はあるが、館内での飲食に関して何らかの制限を設けている図書館がほとんどである。他の国々もオランダと同様なので、常識の範囲内で飲食がほぼ無条件で認められているデンマークは、世界的に見ても少数派と言えるだろう。

音のルールと同じで、オランダでは館内に飲食ができるスペースと飲食不可のスペースを設定している場合が多い。オランダの公共図書館は居心地がよいので、一日中滞在して仕事や勉強をする人も多い。作業の途中でお腹が空くのは当然のこと。そのため、飲食禁止のスペースでこっそりとサンドイッチなどを食べている利用者もいるらしい。

司書は、隠れて栄養補給をしている人たちが長時間熱心に仕事や勉強をしていることを知っているので、持参したサンドウィッチなどを申し訳なさそうに食べている場合は、「見て見ぬ振りをしている」と言っていた。

食べ物のルールでいかにもオランダらしいのは、「魚市場からテイクアウトしたものは食べてはいけません」と書いてあるところだろう。オランダには豊かな水産文化があり、毎週決まった曜日にフィッシュマーケットが開かれる所が多い。このフィッシュマーケットでは、生魚を挟んだサンドイッチなどが売られているのだが、そのマーケットから調達した油っぽく生臭い食べ物を図書館内で食べることは厳禁となっている。もちろん、アルコール飲料も認められていない。

分館の飲食事情

小規模図書館の飲食事情は大規模館とは異なっている。小さな図書館の多くは館内に飲み物の自動販売機を設置しているのだが、その場所が書架の真横となっている。コーヒーを飲みながら読書をする人が多く、飲食のルールは中央館に比べて緩やかなものになっている。

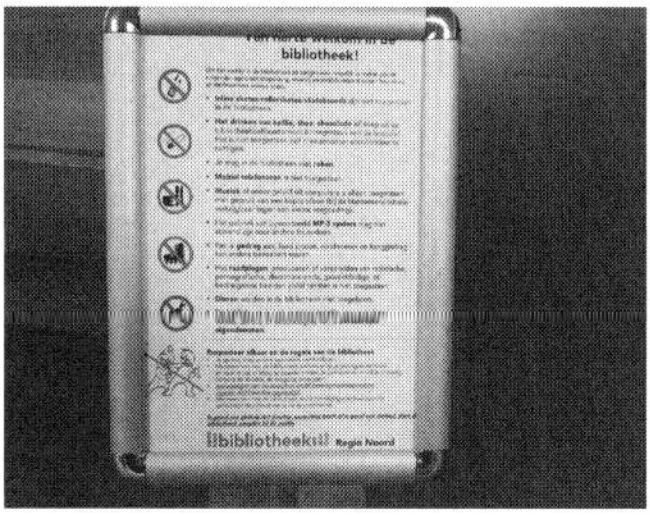

図書館での決まりごと（バンネ図書館）

書架の脇に置かれたコーヒーの自動販売機（アイブルフ図書館）

こうしたコーヒーと読書の組み合わせをさらに進化させて、図書館の雑誌・新聞コーナーを本格的なカフェと一体化した図書館が最近増えていて、「読書カフェ」と呼ばれていることはすでに述べたとおりである。カフェの運営は民間企業に任されているが、読書カフェはとても人気があり、いつ行っても利用者がたくさんいる。

ここまでの紹介で、オランダ公共図書館の雰囲気を感じ取ってもらえただろうか。音や飲食も含めて、館内で利用者が守るべきルールは「図書館規則」にまとめられている。オランダ公共図書館はコンピュータ利用を目的として訪れる人が多いので、ポルノグラフィ、暴力的な資料、人種差別的な画像や資料を閲覧・創作・配信することを禁じる文言も規則には必ず盛り込まれている。

第6章

アムステルダムの公共図書館

利用者が次々に入って行くアムステルダム中央図書館の入り口

ここからは、いよいよ実際のオランダ公共図書館を具体的に紹介していくことにする。本章と次章で登場するのは、大規模図書館が四館、そして小規模図書館が五館である。新しい試みを次々と繰り出してくる大規模図書館はとても魅力的に思えるが、その一方で、地元に馴染んだ図書館もそれぞれ地域で大切な役割を果たしている。思わずこれらの図書館に行きたくなるように、各図書館の魅力を伝えていきたい。

1 必ず居場所が見つけられる巨大図書館

近年、北部ヨーロッパの都市部で大規模な図書館建設が進んでいる。デンマーク第二の都市オーフス（Aarhus）の湾岸に、「ドック・イン（Dokk1）」と呼ばれるランドマーク的な図書館が完成したのは二〇一五年である。「ドック・イン」は、情報技術を存分に取り入れた「二一世紀型図書館のモデル」ともいうべき都市型の図書館で、連日大勢の住民でにぎわっている。また、二〇一八年一二月には、フィンドの首都ヘルシンキに新図書館が開館する予定となっている。「夢を語ろう、新図書館」というキャンペーンを張って住民を巻き込み、開館前であるにもかかわらずかなりの盛り上がりを見せている。そして、ノルウェーでも、オスロ中央駅のすぐそばにあるオペラハウスの隣に新図書館の建設が進められており、新しい工夫を随所に盛り込んだ新趣向の図書館になる予定である。

いずれの図書館も、文化的な刺激を提供して、利用者の創作・創造への気持ちをかき立てる場所となることを前面に押し出している。こうした北部ヨーロッパの新図書館に見られるコンセプトを体現化し、先導したのが「アムステルダム中央図書館」だった。

二〇〇七年のオープン以来、アムステルダム中央図書館は都市型公共図書館として世界中から注目されてきた。「多様な文化が行き交う活気ある場所」とか「二一世紀を生きていくためのスキルを学ぶ場所」というキャッチコピーのもと、魅力あるマルチパーパスな図書館として多くの人びとで毎日にぎわっている。

アムステルダム中央図書館にようこそ

中央図書館は、アムステルダム中央駅から歩いて五分もかからないとても便利な場所にある。駅を正面に見て右手に歩いていくと、ほどなく「アムステルダム公共図書館」と書かれた金文字が外壁に取り付けられた建物が見えてくる。

こんなにも駅から近い所に公共図書館があるのは驚きである。訪問前からこの図書館がヨーロッパで一、二を争う大規模図書館であることは聞いていたが、近づいてみるとその大きさに驚き、建物を見上げてしまった。前を歩いていた人たちは、次々と館内に入っていく。待ち合わせをしているのか、入館せずに入り口のところに佇んでいる人もいた。

実は、公共図書館のリニューアルは、アムステルダム中央駅付近の再開発計画に組み込まれていた。古い町並みを新しく開発するための立役者として図書館は期待され、見事にそれにこたえたわけだ。アムステルダム中央図書館は、今やヨーロッパでもっとも成功した図書館として、ヨーロッパだけでなく世界中から注目が集まっている。

利用者に開放されているフロアは九つで、一度に一〇〇〇人以上が座れる場所がある。そのフロアには二〇〇台を超えるコンピュータが設置されており、もちろん自由に使える。まさに、巨大図書館と言える。

開館は、毎日朝一〇時から二二時までとなっている。公共図書館が年中無休で、朝から夜まで開館しているのは世界的に見ても珍しい。これだけでも、アムステルダム中央図書館がただの公共図書館

巨大なアムステルダム中央図書館

すぐ目の前は運河

ではないことが分かる。

実は、この図書館、地域住民のための図書館であると同時に、ヨーロッパにおける交通の要所アムステルダムに世界中から集まる旅人のためのものでもある。一日の来館者数は四〇〇〇人から五〇〇〇人。休日ともなれば七〇〇〇人にも上る。このように大勢の利用者を迎える職員数は一二〇名となっている。

誰もが居場所を見つけることができる

にぎわいのあるスペース、静寂スペース、絶景スペース、穴倉のようなスペース、クラシックな図書館の雰囲気をもつスペース……。訪問した人は、必ずどこかに自分のスペースを見つけることができる。それが、この図書館の最大の魅力でもある。新館がオープンしてから、利用者の滞在時間はそれまでの倍以上になったことが報告されている。この図書館を仕事場に決めて、一日中いる利用者も決して少なくない。

この巨大な都市型図書館を、地下から順に見ていくことにしよう。フロアの移動には、エスカレーターかエレベーターを使う。地下一階は子どものスペースとなっている。言うまでもなく、ここには子どものためのすべての資料が用意されていて、児童司書が読書相談に乗っている。

一階は、ロビーと雑誌・新聞コーナーのほかカフェがあり、いつも大勢の人でごった返している。前述したように旅行者もたくさん利用しているため、巨大なバックパックを背中に背負った人をたくさん見かけた。一階には総合カウンターが設置されているため、利用者登録をしたり、館内について質問する人が次々にやって来る。その人たちに対応するスタッフの姿は、傍から見ていても気持ちよいほどキビキビとしていた。

二階には小説が置いてある。フロアの中央部には一人用のスペースがかなりの広さで用意されていて、ほとんどのデスクにパソコンが置かれていた。その後ろにはモダンなデザインの真っ白な書架が並び、その間には、一人でも大勢でもフレキシブルに使えるデスクと椅子が用意されている。

三階は旅行と歴史コレクション、四階は芸術と音楽資料のコレクションがある。楽譜がたくさん置いてあるのは大規模館ならではだ。美術のコーナーには、通常の書架の脇に書店で見る平台のような真っ白な台が置かれていて、美術書や写真集が置かれている。図書自体が芸術品のようであり、展示を見ているだけでもア

螺旋階段が印象的な子どものスペース

壁には大きな動物のイラストが描かれている

ート作品に触れているような気持ちになる。また、美術書や写真集は判型の大きいものが多いため、書架の段数も少なく資料もゆとりをもって配架されていた。

さらに上、五階には医療と健康コレクションが置かれ、静寂コーナーがある。六階は哲学、社会のコレクションとなっている。

そして最上階、このフロアには劇場、会議室、テラス付きのラウンジ、そしてバーがあった。特筆すべきはレストラン「ラ・プレイス（La Place）」で、アムステルダム旧市街を見下ろしながら、とびきり素晴らしい食事を楽しむことができる。このレストランは、アムステルダムのもっとも人気の高いミーティングスポットとして定着している。

このように、各フロアとも利用者を楽しませるためにさまざまな配慮がされているのだが、さらに館内では、常連の住民やふらっと立ち寄る旅行者を対象にした多彩なイベントが行われている。ウェブサイトから最新の文化プログラムをチェックしてみると、ジャズのライブコンサート、クラシック音楽コンサート、演劇公

モダンアートがたくさんある館内

誰もが必ず居場所を見つけられる巨大な図書館

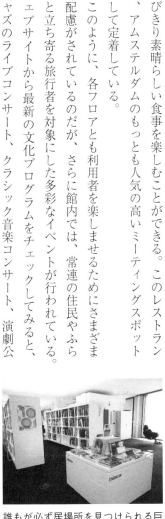

演、建築ツアー、デジタル工作体験会、中国シルクロード音楽の講演会、ファッション写真講座、ヒップホップのイベント、DJショー、ラッパーやグラフティアーティストによるワークショップなど、魅力的なプログラムが並んでいた。

また、部門ごとのミニイベントもある。映画関係の資料を集めた部門では上映会が開催されるし、文学部門では作家を招いての講演会がよく開かれている。もちろん、イベントに参加しなくても、館内をただ何となく歩き回るだけでも充実した時間を過ごすことができる。なぜかと言えば、部門ごとに工夫を凝らした資料展示が行われているからだ。私が訪問したときには、LGBTの資料を集めた特別展示コーナーが設置され、関連資料がたくさん集められていた。

館内には、いながらにして美術館を訪れているような感覚を覚えるほど、あちらこちらにアートが配置されている。たとえば、児童室の壁には、一面に児童文学の主人公と思われる動物が描かれているかと思えば、成人コーナーの壁面には絵画が飾られ、閲覧コーナーには彫刻が置かれてあるといった具合である。

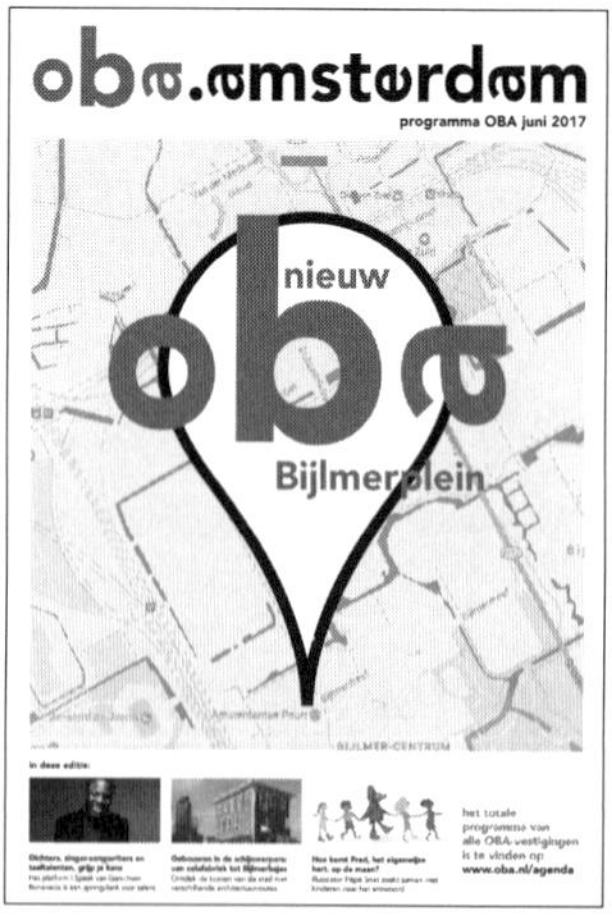

月刊広報誌には刺激的なプログラムがたくさん紹介されている（出典：アムステルダム公共図書館月刊広報誌「oda.amsterdam」2017年7月号の表紙）

四階にはラジオ局もあり、実際に図書館から放送を行っている。ラジオはおしゃべりのためのメディアだから、静寂なイメージの図書館とは「水と油」のような関係に思える。でも、実はどちらも送り手と受け手の距離が近く、親密度が高いメディアである。さらに、地域に根ざしたローカルなメディアとして相性がよい。

その証拠に、アメリカでは一九二〇年代にラジオが市民生活に浸透すると同時に、図書館がラジオ放送をはじめている。ラジオ局が図書館に来て児童室で「読み聞かせプログラム」を実況放送したり、図書館員がラジオ局でＤＪを務めたりした。今でも地元の放送局に番組をもっている図書館があるし、デンマークでもＦＭラジオ局が館内に設置されているのを見たことがある。

しかし、アムステルダム中央図書館のラジオ局は、今までに見てきたもののなかでは一番本格的なものだった。来館者は、放送中のＤＪやゲストの様子をガラス越しに見ることできるし、プログラムの一部は、「OBA Live」としてウェブサイト上で公開されている。図書館まで行かなくても動画でプログラムを楽しむことができるのだ。

「アムステルダムのすべての人とともに：政策方針二〇一五～二〇一八」

中央図書館および分館からなるアムステルダム公共図書館ネットワークは、間違いなくヨーロッパの公共図書館の見本ともいうべき存在である。それだけに、アムステルダム公共図書館全体の今後の動向は、二一世紀の公共図書館の進む道を示すことになる。

同館は「アムステルダムのすべての人とともに：政策方針二〇一五～二〇一八（*Samen voor heel Amsterdam Beleidsplan 2015-2018*）」を発表し、今後三年間の図書館の方向を打ち出した。(1) その柱として示されたのは以下の三項目だった。

第一の方針は、図書館のオンラインサービスの充実である。単に利用者が図書館から情報を得るだけでなく、入手した情報が活用できるようなデジタルサービスを目指している。

第二の方針は、言語と文化の出会いの場所として図書館を位置づけることである。図書館を通じて利用者がつながりあい、利用者同士で協同的に新たなアイデアを創出できるようになることが目標として掲げられている。

第三の方針は地域連携である。知識・情報・文化のプラットフォームとして存在してきた図書館が、非商業的で、外部から干渉されない地域発展の拠点であることを確認したうえで、住民や関係組織との連携関係を重視している。

前述したように、二〇一四年に成立した「公共図書館サービス法」は図書館の機能として、知識を通じた個人の成長や図書館を通じた人と人との直接的なコミュニケーションを挙げている。「アムステルダムのすべての人とともに」は、これらの機能を盛り込み、さらに発展させた意欲的な方針文書と言えるだろう。

2　読書カフェのある公共図書館

文学作品の収集とサービスに力を入れるリンネウス図書館

事前に場所を調べていったにもかかわらず、案の定すぐに発見できず、道ゆく何人もの人に尋ねてやっと辿り着いたリンネウス図書館（OBA Linnaeus）。実は、ここが私にとっては生まれて初めてとなるオランダの公共図書館だ。体慣らしのためにと思って、ぶらりと訪ねることにしていた。

予定では期待に胸を膨らませて、元気よく見学をはじめるつもりだったが、図書館に到達するまでにかなりのエネルギーを使い果してしまった。見学よりも、まずは心地のよい椅子に座って休憩するハメとなった。しばらくの間、ただ呆然とそこで休み、人心地ついたところで周りを見渡してみた。

黒を基調とする空間が落ち着いた雰囲気を醸し出している。あとからオランダ公共図書館の特徴であることを知ったのだが、書架の上方にある空間には大判ポスターの半分ぐらいの写真が貼

（1）*Samen voor heel Amsterdam Beleidsplan 2015-2018* https://www.oba.nl/dam/OBA-beleidsplan_defproef.pdf

ってあった。そこかしこに置かれている鉢植えの緑が、黒を基調としたシャープな空間に柔らかさを与えている。これまで慣れ親しんできた北欧の図書館と似ているようなのだが、どことなく違う感じもする。

世界中どこも同じなのだろうが、公共図書館の分館がもつ「心地よさ」がこの図書館にも溢れている。熱心に作業に熱中する若い女性、児童書コーナーで本を選ぶ子どもと祖母らしき高齢の女性、新聞コーナーでおしゃべりする「常連」——そうした空間のなかで一時間ほど過ごすうちに、オランダに初めて来たということをすっかり忘れてしまって「いつもの図書館」にいる気持ちになり、だんだんと元気が出てきた。

前述したように体慣らしの訪問であったため、事前にインタビューの申し込みはしていなかった。見学だけのつもりだったが、そのまま帰るのがもったいない気持ちになってしまい、思い切ってカウンターにいるスタッフに話しかけてみた。

カウンターにいたのはジョゼ・ヴァン・ケーメナーデ（José

黒を基調とした空間と、壁をうまく利用した写真展示

館内には観葉植物がたくさんある

van Kemeuade）さん。名刺を見ると、肩書きは「情報サービス教育担当専門職員（Medewerker informatie en dienstverlening educatie）」となっていた。利用者への対応の合間をぬって館内を案内していただいた。

ゆるやかに複数のコーナーがつくられている館内

ところで、二五館ある分館のなかからリンネウス図書館を訪問した理由は、この図書館が文学に力を入れていて、創作ワークショップや文学カフェなどのプログラムを行っていると紹介されていたからだ。ジョゼさんにそのことについて尋ねたところ、「図書館では文芸作品の提供をとくに重視している」とのことだった。ジョゼさんは、アムステルダム市内の図書館に「読書カフェ」を名乗る図書館が増えていることもあわせて教えてくれた。

どこの分館にも共通して言えることだが、かぎられた空間で複数のグループのニーズにこたえるために、ゆるやかにいくつかのスペースに空間を区切っている。リンネウス図書館では、「大人のための閲覧コーナー」「子どものための読書コーナー」「コンピュータコーナー」「雑誌新聞コーナー」というように空間が区切られていた。

「大人の閲覧コーナー」のみが静寂スペースになっていて、基本的に会話が許されていない。あとの三つの空間はおしゃべりが許されている。だから、おしゃべりを楽しみに来る常連の利用者は、入り口のすぐ横にある「雑誌新聞コーナー」が定位置となっている。

分館の司書は大忙し

カウンターで私たちが会話を話している間にも、何人もの利用者がジョゼさんのところにやって来て、次から次へとさまざまなことを尋ねていく。彼女はそれぞれの利用者に的確にアドバイスをしたり、館内を案内したりする。ほとんどが顔見知りの利用者のようだ。

ジョゼさんはオランダ図書館の有料サービスについて、一八歳以下であれば会員登録が無料であることや、「経済的に困難な状況にある住民は登録料が低く抑えられているのはよいことだ」と話してくれた。その一方で、図書館内の無線ＬＡＮの利用は無料にすべきだと考えているようだ。

現時点でのリンネウス図書館の課題を尋ねてみたところ、予算が削減されるなかでサービスを展開すること、図書館利用者を確保すること、会員を増やすこと、の三点だと言う。これらの回答は、その後訪ねたどこの図書館でも常にセットで返ってきたことなので、オランダ公共図書館すべてが抱える問題と言えそうだ。とくに三番目は、会員の増減が図書館運営費に直接跳ね返ってくるオランダ特有の課題と言えるだろう。

「読書カフェ」のあるルーロフス・ハートプレイン図書館

　午前中いっぱいをリンネウス図書館で過ごしたあと、次の図書館に向かうためにトラムに乗っていたら、ジョゼさんの話に出てきた読書カフェを併設する「ルーロフス・ハートプレイン図書館（OBA Roelof Hartplein）」の看板が見えてきた。急きょ、途中下車することにした。降りたいところで降りられるトラムの便利さを痛感するのがこんなときである。

　ルーロフス・ハートプレイン図書館はクラシカルな建物の一階部分を占めていて、内装も同じく古めかしい。入り口を入ってすぐのところがカフェになっている。その奥が大人のコーナーで、二階が子どものコーナーとなっていた。

　閲覧室の一角を占めるカフェスペースには、「読書カフェ」と銘打っているだけの本格的なカフェカウンターがあって、飲み物やスナックを提供している。店内にいる人びとは、それぞれコーヒーを片手に読書を楽しんでいた。会話はほとんどなく、静寂に包み込まれていて、写真を撮るのが憚られる空間がそこにあった。

　クラシックな建物と熱心に読書をする人びと、公共図書館で一〇〇年以上にわたって続いてきた光景である。最新式のエスプレッソマシンを除けば、今が二一世紀であることを忘れそうになるほどだ。

3 公共図書館は元タクシー会社

タクシー会社をリノベーションしたベイルメールプレイン図書館

「タクシー会社をリノベーションした図書館」と聞き、一目見たいと思ってしまうのは私だけだろうか。ヨーロッパでは建物を気が遠くなるほど長く使うというのが常だから、病院や工場、市場などといった建物が図書館に転用されてきた。しかし、さすがにタクシー会社を図書館にリノベーションしたという話は初めて聞いた。いったいどんな図書館なんだろうか——そんな好奇心から「ベイルメールプレイン図書館（OBA Bijlmerplein）」を見学の候補に入れたのだが、大正解だった。建築的な興味からしても面白いのだが、それ以上に、そこが特定の地域からの移民が集住している地区だと知って興味が倍増した。

ベイルメールプレイン図書館への見学を申し込んだことで、自動的にもう一つの「ライゲルスボス図書館（OBA Reigersbos）」の見学も組み込まれることになった。というのも、両館とも一人の司書が統括していたのだ。

今回訪問したベイルメールプレイン図書館、ライゲルスボス図書館、そして「アウダーケルク図書館（OBA Ouderkerk）」の統括責任者がニンケ・ナイハイス（Nynke Nijhuis）さんである。

連日この三館を回りながら、運営の責任者としての務めを果たすという忙しい日々を送っている。この三館はいずれもアムステルダムの郊外にあり、距離的に離れていることもあって地域のカラーがかなり違うという。

ニンケさんにインタビューを申し込んだのだが、ベイルメールプレイン図書館のほうは別のスタッフに案内してもらって、そのあとにライゲルスボス図書館でこの地区の図書館についての話をニンケさんから聞くという段取りとなった。

ベイルメールプレイン図書館へは、アムステルダム中央駅からメトロに乗っていく。図書館は、最寄駅から一〇分ほど歩いた商店街のはずれに位置している。元タクシー会社であった建物の改装が終わったのは二〇一七年の春というから、開館したばかりの新しい図書館である。

開館の一〇分ほど前に着いたのだが、すでにオープンを待っている利用者がいた。九時ちょうどに館内から職員が出てきて、道

元タクシー会社が図書館に生まれ変わった

開館を待つ常連利用者

から見えるように図書館の看板を出す。どこの図書館でも行われる、儀式のような毎朝の恒例行事である。職員は看板を出しながら、一番乗りで館内に入る常連としばしおしゃべりをしている。

移民のルーツをもつ女性職員のモニーク・ジョラワン（Monique Joerawan）さんが朝の仕事を終えたところで、館内を案内してくれることになった。

一階には子ども用スペースがあって、乳幼児向けの本が置いてあるコーナーには「ブックスタート」（七五ページ参照）のたれ幕が掲げられている。子ども用の視聴覚資料もたくさんあり、訪れた子どもの様子を見ていると、どうやら紙の本よりも映像メディアのほうが気になるようだ。

オランダでは、子ども向けの視聴覚資料の量が北欧の図書館と比べて明らかに多い。そうしたなかで司書は、多様なメディアを提供しながらも、子どもたちが文字の本よりも映像メディアに心を奪われていることを憂慮している。それだけに、子どもへの読書振興に対する情熱がとても強い。

ベイルメールプレイン図書館のある地区には、一九七五年にオランダから独立した南アメリカ北東部にあるスリナム共和国と、オランダの自治領であったアンティル（カリブ海の島）からの移民が集住している。そのため、図書館は移民のためのサービスに力を入れている。たとえば、この地区の歴史を説明する常設展示コーナーに広いスペースを割いている。

このコーナーには、移民の生活や仕事ぶりを示す写真、民族衣装などが飾られていて、移民にとっては自分たちの文化を確認する場所ともなっている。もちろん、それ以外の人びとにとっては、異なる文化ルーツをもつ人へ敬意を払うための場所となっている。

二階へは、入り口を入って左側にある大階段を上ることになる。ここでまた、「オランダ図書館階段」の洗礼を受けることになった。前述したように、オランダ公共図書館には、大きさは異なるものの階段が必ずと言っていいほどある。それにしても、ここの階段は迫力がある。比較的小規模な図書館であるにもかかわらず、移動のためだけではなく、階段自体が一つの空間として使われているのだ。ダッチ・デザインのお手本のようなファブリック（生地）に包まれたクッションが無造作に置かれている。タクシー会社であったとき、この階段はいったいどんなスペースだったんだろうか。

大階段の脇には、移住してきた人びとの写真やデジタルフォトが展示されていた。これらの展示物を降りながら見ている人もいるし、興味がわいたのか、階段の途中で座り込んで見ている人もいた。

二階には、スリナムとアンティルに関係する資料を集めた専用書

階段脇の壁面を利用した展示コーナー

コミュニティーの歴史に関する常設展示

架があった。本の背には、特殊コレクションであることを示す緑のラベルが貼られている。移民が多いベイルメールプレイン図書館では、日替わりで、オランダ語クラスやコンピュータ講座など、基本的なリテラシーを修得するためのプログラムが開催されている。

駅前通りのライゲルスボス図書館

ベイルメールプレイン図書館の見学を終えて、ライゲルスボス図書館へと移動した。嬉しいことに、ここはすぐに見つかった。メトロを降りて商店街を歩くと、ほどなく図書館の入り口に到着できた。

三つの地域館の責任者であるニンケさんは、穏やかな落ち着いた雰囲気をもつ女性だった。まずはお話をうかがってから、館内を案内してもらうことにした。

ベイルメールプレイン図書館、ライゲルスボス図書館、アウダーケルク図書館とそれぞれ雰囲気が異なる図書館についての説明を聞いたあとに、図書館が現在抱えている問題について尋ねたところ、ニンケさんが一番心配していたことも子どもの読書離れだった。映像メディアに夢中で、読書に慣れ親しんでいない子どもたちのために工夫していることについてのエピソードを話してもらった。

オランダでは、子どもだけでなく大人向けの図書であっても背に主題を示すシールを貼って内容が分かるようにしている。ニンケさんはそうした工夫をさらに進めて、表紙にも内容が一目で分かるようにシールを貼っているという。シールに書かれているカテゴリーは、「ワクワクする本」「悲しい本」「ミステリー」など、とてもシンプルなものである。

これらの本を表紙が見えるようにして並べているのだが、本を読んでもらうことはなかなか大変だという。とくに、親子連れが来館して、借りる資料がすべてアニメーションのＤＶＤだったりすると、「もっと、本を借りてほしいなと思ってしまう」とかなり深刻な顔で漏らしていた。

インタビューを終えてから館内を案内していただいた。入り口付近のスペースは雑誌、新聞コーナーで、多くの図書館がそうであるように常連利用者が陣取って、時折おしゃべりをしながらゆっくりと新聞を読んでいた。

ニンケさんが今、もっとも力を入れているサービスは、世界中の公共図書館で大流行している「メーカースペース」である。子どものためのスペースの奥にある階段を上っていくと小部屋が現れる。そこが、ライゲルスボス図書館の「メーカースペース021（Maakplaats

ニンケ・ナイハイスさん（写真提供：本人）

021)」である。アムステルダム市の地域館としては三番目に設置の予算がついたライゲルスボス図書館は、子どもたちのための科学工作プログラムをはじめたところだった。司書が子どもたちの指導を担当するので、3Dプリンターの使い方などは研修を受けて勉強するとのことだった。ちなみに、メーカースペース専属の司書もいるという。

現在のところ、科学工作プログラムは子どもに限定しているが、夜間に大人のクラスを開くことも考えているところだという。今後はアムステルダムにある一〇館でメーカースペースをつくる予定があるそうだが、ライゲルスボス図書館がこのあとに続く図書館のモデルになることは間違いない。「メーカースペース021」の今後の計画について熱く語るニンケさんの様子から、このサービスにかける意気込みが伝わってきた。

2階に新しくオープンした「メーカースペースコーナー」

世界中の図書館で大流行のメーカースペース

4 自宅のリビングルームのように図書館を使う

木の匂いがしそうな極小図書館「アイブルフ図書館」

オランダの図書館にだんだん慣れてきたところで、滞在後半からは小規模図書館を集中的に見て回ることにした。規模が小さいほど図書館と利用者の関係は親密になり、利用者の図書館の使い方がよく見えてくる。

アムステルダム北部の海岸線の近くにあるアイブルフ図書館（OBA IJburg）はとても小さな図書館だった。開館時間も短く、月曜日と火曜日が一四時から一七時半、水曜日と土曜日は九時半から一七時半、木曜日は一四時から一七時半まで開館しているが、九時半から一四時まではセルフサービスタイムとなっている。そして、日曜日は休館日。小規模な分館は、これぐらいの開館時間となっているところが多い。

この図書館に入って一番驚いたのが、塗装されていない木製品が多く使われていることだった。ほとんどの什器《じゅうき》が白木のままで、木の匂いがしてきそうなほどだった。今回訪問した図書館のなかではもっとも規模が小さく、一日で図書館全体が見渡せる。

地域に住む住民が気軽に訪れるのには最適なサイズである。近所の人びとがふらっと立ち寄って、好みの本を選んでいる。机に向かって熱心に勉強している若者もいれば、新聞を読んでいる年配の人もいた。

日程に余裕があったら訪問しようと考えていたため、事前にインタビューの申し込みはしていなかった。訪問した時間には司書が不在だったため、残念ながら話を聞くこともできなかった。でも、近所の人びとがあまりにも自然体でこの図書館を使っていたことに感動したので、帰国後、メールで情報サービス専門スタッフ（Medewerker Informatiedienstverlening）のアビゲイル・フォイス＝キャムロン（Abigaël Vooijs-Camron）さんに図書館の様子をうかがった。すると、意外にも早く返信メールが届いた。その内容は以下のとおりである。

アイブルフ図書館にはいろいろな利用者がいます。とても元気な図書館です。一番力を入れているのは、乳幼児から一二歳までの子どもたちへのサービスです。

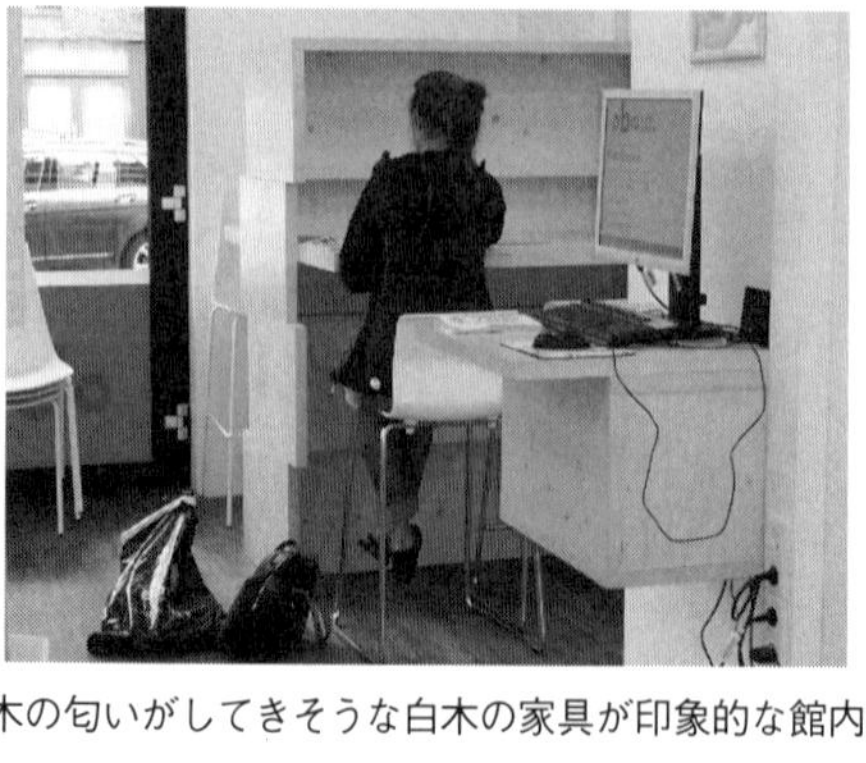

木の匂いがしてきそうな白木の家具が印象的な館内

実際の利用者は、六歳から一四歳の子どもがメインですが、乳幼児を連れた保護者もいます。また、それほど多くはいませんが、静かな仕事場を求めてやって来る常連の人たちがいます。あとは、コーヒーなどの飲み物を片手に新聞を読んだりする人たちです。

最近、陶芸のワークショップを開催しました。もちろん、講演会を開催することもあります。住民へのプログラム以外にも、子どもたちに図書館の使い方を教えたり、読書活動をサポートするプログラムや、インターネットやメディアに関係するスキルの向上を目標にしたクラスを企画して、学齢期の子どもたちを学級単位で図書館に招いたりする活動も行っています。

返信メールからは、小さな図書館がいろいろな利用者を受け入れて、文化活動にも積極的に取り組んでいる様子が伝わってきた。アイブルフ図書館では、週に一回、午前中

熱心に本を選ぶ利用者

にオランダ語教室も開催しているという。これはＮＰＯ組織「DYNAMO」[2]と連携して行っているプログラムで、移民を対象とした少人数での語学レッスンという形式を取っている。参加費は一レッスンにつき一ユーロ（約一三〇円）。公共図書館は移民のための語学教室をいろいろな形でサポートしているが、こんな小さな図書館であっても安い料金でオランダ語を学ぶ機会を提供している。

地元に密着したメルカトルプレイン図書館

もう一つ、地元密着型の地域館「メルカトルプレイン図書館（OBA Mercatorplein）」を紹介したい。図書館の名称が示すとおり、超有名なメルカトル広場に面した図書館なのだが、地理的想像力が欠如している私は名称から場所を思い浮かべることができず、愚直にも住所を手掛かりに図書館を探したため、迷いに迷ってお目当ての図書館に辿り着いたときには疲労が最高潮に達していた。

メルカトルプレイン図書館の館内（写真提供：アネチェ・ファン・プラーハ氏）

図書館は商店街の一階部分を占めていて、入り口からしてかなり古びていた。図書館は縦に長い造りで、入り口のところに雑誌コーナーがあり、多くの人が熱心に新聞を読んでいた。

注意事項がたくさん書かれていることに気付いた。また、トイレの鍵も見たことがないほど巨大なサイズだった。そうした様子からは、館内で多くの問題が発生していることが予想された。だが、それでもこの図書館は、地元に馴染んだ文字どおりコミュニティーのためのライブラリーだった。

ちょうどメルカトルプレイン図書館では、ジャーナリスト兼カメラマンのチーデム・ユクセル（Cigdem Yuksel）という女性が撮影した写真の展覧会が開催されていた。そ

（2）アムステルダムのすべての住民の社会活動を支援するNPO。スポーツ、健康、料理、言語、コンピュータ、文化など、あらゆるテーマにかかわるプログラムを提供している。

巨大なトイレの鍵

のテーマは、トルコの同性愛者コミュニティー。いかにも近所の人たちがふらっと立ち寄りそうな雰囲気のある地域の図書館で、文化的多様性を考えるきっかけともなる本格的な写真展が開催されていることに少し驚き、オランダの文化的寛容を支える図書館の役割について考えさせられた。

アムステルダムでは、ヨーロッパで最大級のサイズと利用者を誇るアムステルダム中央図書館から、学校の教室一つ分の広さぐらいしかない極小サイズの図書館までいろいろな種類の図書館を巡った。そのなかで気付いたことは、一つとして同じような図書館がなかったことである。一つとして同じ地域がないように、図書館もそれぞれの地域の個性を反映している。それは、コレクション、利用者、サービスの種類、あらゆるところに現れていた。

第7章

オランダ公共図書館の最前線

吹き抜けのある館内を人びとが行き交う（アルメレ新図書館）

1 読みたい本が必ず見つかるにぎやかな図書館

アルメレ（オランダ語：Almere）はフレヴォラント州にある基礎自治体で、アムステルダムから電車で二〇分ほどの所にある。一九七〇年代に開発がはじまり、一九八四年に基礎自治体に昇格した。この成長著しい若い都市に、オランダで注目を集める「アルメレ新図書館（De Nieuwe Bibliotheek, Almere)」があることは、デンマークの図書館専門サイトの記事で知った。記事には、図書館の移転をきっかけに思い切った改革を行って一躍有名になったこと、徹底した利用者志向のサービスが改革の中心にあったことが紹介されていた。

図書館のウェブサイトによると、サービスの対象となる人口は一九万五〇〇〇人。休館日はなく、コレクション数は約三一万点、利用者用のコンピュータが約八〇台用意されているとのことである。現時点では、三二パーセントの住民が図書館の会員となっている。もちろん、一八歳未満の子どもは会員登録の際に料金はかからない。

電車を降りると、そこは街の中心街に向かうにぎやかな通りとなっていて、図書館はその通りを五分ほど歩いた所にある広場に面していた。私が訪問したのは広場でマーケットが開かれている日で、ありとあらゆる種類のお店とお客さんで広場が埋め尽くされていた。その人混みをかき分けて図書館に向かった。モダンな建物なので、店舗と間違えて図書館に入ってくる人もよくいるという話をあとから聞いた。

エスカレーターで二階に上がると図書館のメインロビーがある。中央が吹き抜けになっているため、とても広く感じられる。ロビーには、総合案内カウンターや情報相談コーナー、新着資料展示コーナーなどがあって、たくさんの人びとが利用している。コンタクトを取っていたイヴェット・ファン・デル・モーレン（Yvette van der Molen）さんが、待ち合わせ場所に決めていた総合案内カウンターで私のことを待ってくれていた。

アルメレ新図書館を運営しているのは「アルメレ公共図書館財団（Stichting Openbare Bibliotheek Almere）」。財団のシニアライブラリアンを務めるベテラン司書であるイヴェットさんにまずは館内を案内してもらってから、図書館について詳しく説明してもらうことになった。

マーケットが開かれる広場にあるモダンな外観をもつ図書館

図書館は駅近くの繁華街にある

図書館と書店の特徴を組み合わせて利用者を惹きつける

アルメレ新図書館は、利用者ニーズに合わせた資料配置を最大の特徴としている。それは、図書館改革の柱である利用者志向サービスを実現化したものにほかならない。利用者ニーズに合わせた資料配置とは、あらかじめ利用者の好みそうな資料を図書館側で予測し、その志向に合わせて図書館資料を配置することだが、書店における本の並べ方を想像してもらえばよいだろう。

すでに述べたように、図書館ではデューイ十進分類法に基づいて各資料に対して特定の分類番号を与え、その分類番号通りに図書を配架してきた。この分類法を使えばすべての図書にただ一つの場所が与えられるので、図書館側としてはとても管理がしやすい。また、主題が同じの資料が同じ場所に並ぶことになるため、利用者は興味のある主題の書架に行くだけで、お目当ての図書やその関連図書を入手することができる。

イヴェット・ファン・デル・モーレンさん（写真提供：本人）

この方法は、少なくとも二〇世紀の間は公共図書館の資料配架方法としてベストであり、世界中の図書館で使われてきた。盤石に見えたデューイ十進分類法だが、利用者から見ると大きな欠点があった。それは、すべての知識体系を厳密に分類しているために、利用者が「日常的に」関連づけている主題同士が遠く離れてしまうことである。

アルメレ新図書館は、この伝統的な図書館分類法と利用者の情報ニーズの齟齬を大胆な方法で解消した。これまで分類上の問題となっていた点を、利用者のニーズに即した配架と伝統的な図書館分類による配架を組み合わせることで解決したのである。

たとえば、キャリア設計に関する図書を探している人は、同時に仕事上のコミュニケーションテクニックについての図書も必要とするはずである。しかし、この二つの主題は、伝統的な分類法ではまったく異なるカテゴリーが与えられているので、分類番号順に配架されると遠く離れた場所に置かれてしまうことになる。そこでアルメレ新図書館では、同じ書架にこれらの図書を並べることにした。つまり、利用者が一緒に探しそうな図書は、分類番号を無視して近くに置くようにしたのである。

もっと詳しく説明すると、アルメレ新図書館では利用者がアクセスしやすい下の階は利用者ニーズに合わせた書店式配架方法が採用され、上の階は専門的な資料探索に適した伝統的な図書館分類に沿った配架方法で資料が置かれているということだ。下の階の資料の並べ方は「小売店モデル」と呼ばれて、すでに図書館界で導入されている方法だが、アルメレ新図書館はこれをかなり大胆に導入したのだ。

人びとが多く集まる町の中心という好条件も重なって、ここの図書館はリニューアルオープン後に貸出数を飛躍的に伸ばして、オランダで小売店モデルの成功例として知られるようになった。館内を紹介しながらイヴェットさんが、この「小売店モデル」の仕組みを詳しく説明してくれた。

来館した利用者をまず出迎えるのが、「ショーウィンドー」と名付けられた新着図書コーナーである。ここでは、図書館に到着したばかりの新着資料が利用者を待ち構えている。新着資料コーナーは二階と四階にも設けられている。

次に利用者が最初に目にすることになる書架は、全体の色調がブルーで統一された「ハイボルテージ（hoogspanning）」と呼ばれる空間である。文字通り、アドレナリンをかき立てるような資料をセレクトして置いているとのことだった。何か面白い読み物を探すために来館した人は、このコーナーに立ち寄れば一目で好みの図書が探せるようになっている。そのほか、「すごく面白い小説コーナー」と書かれたプレートの下には、ミステリー、スリラー小説、ＳＦ、コミックなどの娯楽資料が並んでいる。

続くコーナーには、経済情報、コンピュータ、マネージメント、コミュニケーション、スポーツ、ゲームなどといった実用的な図書が並べられていた。先ほど紹介したように、ビジネス上で関連がある主題も、伝統的な図書館分類を使うと遠く離れた場所に配置されてしまう。それを避けるために、一緒に探し求めるだろうと考えられる資料が一か所に集められているのだ。

次は、全体の色調が黄色で統一された「リビング（deliving）」と名付けられた生活コーナーである。生活実用書は、国を問わず図書館の人気資料である。ここに集められた資料も、分類番号ではなく書店のようにテーマ別に配置されている。大人気のレシピ本、インテリア関係の図書のほか、人気のあるノンフィクション、歴史小説や恋愛小説のような軽い読み物もこのコーナーに置かれている。このコーナーには、自宅の居間で寛ぎながら読まれるような資料が集められているのだ。

実用書コーナーの奥には育児関係の図書が置かれており、そのまま乳幼児コーナーへと続いている。乳幼児コーナーには、六歳までの子どもを対象とした図書、オーディオブック、CDとDVD、ゲームが置いてある。その隣は六歳児から一二歳までの子どもと一二歳以上の子どものためのスペースになっていて、フィクションと主題別の図書、そして視聴覚資料がある。また、絵本か

「ハイボルテージ」と名付けられたコーナ（右）と「リビング」と名付けられたコーナ（左）

ら文字だけの図書への橋渡しとなるような資料を集めた「やさしい読み物コーナー」も設置されていた。

私が訪れたのは夏休み期間中だったため子どもの数は少なかったが、いつもは子どもたちの声が響き渡っているとのことであった。子どものコーナーにはゲームも置かれているので、大型スクリーンでの対戦に興奮した子どもたちのボルテージが上がり、自ずと声が大きくなる。そのため、コーナー全体がフロアの一番端に置かれている。

住民が憩う「ニュースカフェ」

三階に上がると、最初に目に入るのが多言語図書コーナーである。英語、フランス語、ドイツ語、スペイン語、アラビア語、トルコ語、ポーランド語の資料が集められている。ニューカマーコーナーには、語学教材を中心にオランダに移住してきた人たちのための資料が集められている。続いて、「展望」と名付けられた、芸術、精神世界、詩、演劇、文学関係の資料を集めたコーナーがある。

レシピ本は大人気

人気のあるノンフィクション

また、ここには都市計画の特別コレクションがあった。これは、アルメレが新しく開発された都市であるため、都市開発や都市計画に関連する資料が集められているということだった。オランダの大規模公共図書館には「プラス・ライブラリー」と呼ばれる仕組みがあり、主題ごとに担当図書館が決められ、各館で集中的に担当分野の学術資料を収集することになっている。アルメレ新図書館の場合、都市計画関係の資料に加えて、オランダならではの主題ともいえる水利管理に関する資料の収集を担当している。

三階の奥は、「新聞・雑誌コーナー」がかなり広いスペースを占めていた。このコーナーでは、専用端末を使ってオンラインで新聞の閲覧も可能となっている。館内でもとくに居心地がよい場所なので、長居する人が多い。

同じフロアの一番奥には「ニュースカフェ」がある。雑誌や新聞をゆっくり読みたい人は、ここで飲み物の調達が可能となっている。この日も、色とりどりのパラソルが開いている広場を眺め下ろしながらコーヒータイムを楽しんでいる人の姿が見られた。カフェでは展覧会が開催されたり、備え付けとなっているピアノを利用して、ちょっとしたコンサートが開かれたりもする。街が一望できる絶好の場所にカフェがあるので、イヴェットさんは「今後このコーナーをもっと活用したい」と話していた。

雑誌と新聞コーナーの脇には、本格的な映画の上映が可能なホール「ニューシネマ」があり、映画上映のほか講演会などに使われている。映画の料金は、会員は七・五ユーロ（約九八〇円）、非会員は九ユーロ（約一一七〇円）、一七歳までの子どもは六ユーロ（約七八〇円）で、会員料金だと街の映画館よりも四〇〇円ほど安い計算となる。夜間の映画プログラムではカフェがバーに変わることもあるそうだが、図書館内での飲酒はご法度なので、カフェと雑誌コーナーには衝立が隠されていて、バーと図書館部分が仕切られるような仕組みになっている。

「学習センター」はおしゃべり厳禁

二階と三階が小売店モデルで図書が並べられているのに対し、四階からは伝統的な図書館分類法に則って資料が配置されている。これといった目的なしに訪れた利用者は二階から順々に書架を眺めていくが、お目当ての図書が最初から定まっている利用者

ニュースカフェと呼ばれる雑誌コーナー

館内にある本格的な映画館を紹介するパンフレット

は二階と三階は素通りして四階へと直行し、目指している資料にアクセスできる仕組みになっている。利用目的によって柔軟な使い方が可能なのだ。

四階は、勉強や研究、仕事のために訪れる利用者のための「学習センター（stadstudie centrum）」となっていて、フロアには教育、社会、科学、宗教、哲学、政治、歴史のコレクションと地域資料が配架され、利用者が自由に使えるコンピュータがある。このフロアにはさまざまな広さの学習用デスクがあり、「静寂スペース」と定められていておしゃべりはできない。みんな、一心不乱に自分の勉強や仕事に取り組んでいる。

「目的地コーナー」には旅好きな人や旅行を計画している人のための資料が集められていて、旅行書だけでなく語学書もたくさんある。その横は「視聴覚資料コーナー」になっていて、音楽ＣＤや映画のＤＶＤが置かれている。ただし、音楽資料に関しては図書館のウェブサイトからダウンロードするサービスへと移行しているため、音楽ＣＤのコーナーは廃止する予定だという。映画のほうは今のところダウンロードサービスは予定していないので、しばらくの間、このコーナーには映像資料のみが置かれることになるそうだ。

アルメレ新図書館はかなり大きい図書館で、隅々まで案内してもらってからふと時計を見ると、すでに一時間以上が経過していた。その後、オフィスでお茶をご馳走になりながら、アルメレ新図書館が現在のような町の人気施設になるまでの歴史と現在の状況について話をうかがった。

図書館の特徴としてイヴェットさんは、「インターネット利用者が多いこと」を挙げていた。というのも、アルメレにはインターネットカフェがないので、インターネットへの接続環境をもたない難民申請者などが図書館のインターネットを使うからである。だから図書館は、コンピュータの基本的な使い方をマスターする講習会を定期的に開催して、基礎的なデジタルスキルの修得を目指す住民をサポートしている。

それ以外には、EU情報の提供、電子機器操作の相談窓口、幼児に対する読み聞かせ、夏休みの子どもたちへの特別プログラムなどが定番のプログラムとしてある。若者向けのプログラムとしては、オランダ発祥のユニークな文学賞「子ども審査員（Kinderjury）」をサポートしている。「子ども審査員」とは、オランダで出版された児童書に対して「オランダ図書共同宣伝機構（Stichting Collectieve Propaganda van het Nederlandse Boek: CPNB）」が毎年授与する文学賞である。他の児童文学賞と異なり、六歳から一二歳の子どもたちが前年に刊行された図書に対して投票する文学賞である。

小説、絵本、詩集、アンソロジー、主題図書などジャンルは問わない。図書館では、賞の候補となる図書に「子ども審査員」のラベルを付けている。毎年三月から五月にかけて投票が行われ、六月の下旬に最終結果が発表される。「六歳から九歳」の部門と「一〇歳から一二歳」の部門に分けられ、子どもたちは学校や図書館、書店、インターネット経由で投票する。

利用者志向の図書館の効果

今でこそ「小売店モデル」の成功例としてオランダを代表する図書館となっているアルメレ新図書館だが、新図書館が設立された当初、図書館員は小売店モデルに懐疑的だったそうだ。しかし、いざサービスを開始してみると、徹底的に利用者のニーズに合わせたサービスが住民を強く惹きつけ、貸出冊数は二五パーセント増、図書館への訪問者数は二倍になった。アルメレ新図書館は、サービスのすべてを利用者に照準を合わせて再構築することで大成功を収めたのだ。この事実は、これまでのオランダの公共図書館が利用者よりも図書館側の都合に合わせた運営を行っていたことを示す証拠ともなった。

新館ができてから、街の人たちの利用方法が明らかに変わった。会員も、会員でない人も、図書館に長く滞在して、好みの図書を読んだり、知り合いと会ったり、ゆっくりお茶を飲んだり、探している情報を職員に尋ねたりしながら、図書館をさまざまな目的で使うようになったのだ。

すでに十分すぎるぐらいの利用者を集めているアルメレ図書館であるが、イヴェットさんはもっともっと利用者を増やさなければならないと思っている。どうしたら会員増につながるのか、そのことをいつも考えているそうだ。二〇一五年を境に、順調に伸びてきた図書館利用が減少しているという事実がとても気にかかるようで、「図書館への期待が減ったからではないか」と分析していた。

「新図書館は明らかに街のイメージの向上にも貢献しています。そのことを図書館員も住民も十分に理解している。でも、そうした評判に甘んじてはいけないと思うのです」と、イヴェットさんは言っている。

本当に探しているものを探り当てること

今、イヴェットさん心がけていることは、「利用者に積極的に働きかけるライブラリアンになること」だそうだ。そして、こんなエピソードを話してくれた。

ある日、図書館内でスキャナーを探している女性がいた。スキャナーの利用法について説明しているうちに、その利用者はドメスティック・バイオレンスの被害に遭って、住む場所を探していることが分かった。イヴェットさんは、この利用者にシェルターやDV被害者にとって役立つ情報をまとめて提供したそうだ。こうした話は、図書館では決してめずらしいことではない。

最初から自らの情報要求を適切に表現できる利用者はほとんどいない。また、この女性のように、図書館員には打ち明けにくい潜在的な情報要求をもっている利用者もいる。ひたすら聞き手に徹して、粘り強く話を聞きながら、利用者が本当に欲しい情報を探りあてる、それが優れたライブラリアンなのだ。

「まずは、困った様子の利用者に自分から話しかけてみること。すべては、そこからはじまります」とイヴェットさんは強調していた。いつものように、「何をお探しですか？」と話しかけたら「妻を探しているんです」とか「トイレを探していて……」など、ちょっと気の抜けるような答えが返ってくることもしばしばあるらしいが、それでも「話しかけるライブラリアンをやめるつもりはない」、とイヴェットさんはきっぱり言い切った。

ホテルに戻ってから、お土産としていただいた図書館の写真集をゆっくりと眺めた。この本には、新館が完成するまでの様子がまとめられている。杭打ちの写真からはじまって、住民が大勢並んで旧館から新館まで手渡しで本を移動させていく写真など、待望の図書館が刻一刻とできあがっていく様子が手にとるように分かる。アルメレに住んでいる人たちは、少しずつ完成していく図書館を見ながら日々を過ごし、完成した晩には、自らの手で図書を新しい図書館に運び入れたのだ。新図書館をめぐる一連のイベントは、図書館への愛着を育むきっかけとなったに違いない。

旧館から新館に手渡しで本を運ぶ（出典：Connie Franssen, Wim Ruigrok (Foto), *De Nieuwe Bibliotheek*, 2012, p.116.）

2 インタラクティブな情報の広場を目指す図書館

ニューウェハイン（Nieuwegein）はユトレヒト州にある基礎自治体である。一九七〇年代にユトレヒトへの一極集中を避けるために開発がはじまり、二〇〇〇年代初めに人口が五倍以上に増えるなど、急速な発展を遂げた町である。スタッズプレイン図書館が町の複合施設に設立されたのは二〇一一年一一月だった。

市庁舎の中にある公共図書館

アムステルダムから約三〇キロメートル南に位置するオランダ第四の都市ユトレヒトの中央駅は、いつも多くの乗り換え客で混雑する、活気ある所だ。駅の階段を下りて少し歩くとトラムの乗り場がある。ニューウェハインの中心であるスタッズセントルム駅までは二〇分ぐらいで到着する。スタッズセントルム駅で降りると、そこはショッピングモール「シティプラザ」の入り口になっている。さまざまなショップを左右に見ながら結構広いモールを歩くと、広場に出る。その広場でひときわ目立つ白い建物が、図書館の入っている自治体の複合施設である。

ニューウェハイン庁舎は二〇一二年三月にオープンした。住民と行政との直接的なコミュニケーションを建築的に実現することを目指した建物にはガラスが多用され、働いている人の様子がよく見えるように設計されている。螺旋状の階段は吹き抜けになっていて、階段を上っていくと建物全体を見渡すことができる。二階が図書館で、三階より上階が自治体のオフィスとなっている。

建物に入ると、広々としたアトリウムが現れる。入り口近くのカフェは複合施設に訪れた人が休憩するためのスペースとなっていて、座り心地のよいソファが並んでおり、コーヒーのよい香りが漂ってくる。図書館には、入り口のところにある堂々とした階段を上っていく。開館時間は月曜日から金曜日までが九時から二〇時、土曜日が九時から一七時までと、ほぼフル回転の状況である。

スタッズプレイン図書館は、住民の日常生活に密着した信頼性の高い情報を提供することを掲げ、とくにコミュニティーとのつながりを重視した運営を行ってきた。地域のさまざまなグループと連携してコミュニティーの発展に寄与したことにより、二〇一三年一〇月、「中規模都市のベスト公共図書館」に選ばれている。図書館の強みは、情報技術を駆使した図書館空間と街づくりを意識した情報提供サービスである。二〇一六年末の図書館会員は約一万人で、年間二二万五〇〇〇件の貸し出しがある。同年の入館者数は三九万一五六六人だった。職員は一八人、そしてボランティアが五八人という体制である。

キャッチフレーズは「図書館の上を目指す図書館」

お話をうかがったのはジーナ・ファン・デン・ベルフ（Gina van den Berg）さん。彼女は司書ではなく、成人教育および文化プログラム担当者（Medewerker, Volwasseneneducatie & Culturele Programmering）としてスタッツプレイン図書館に勤務している。

まず、小さな部屋でコーヒーをご馳走になりながら、ニューウェハインの町とスタッツプレイン図書館の概要をうかがった。ニューウェハインは一九七一年に二つの町が合併してできた新しい街である。古くからこの地域に暮らす住民と合併後に引っ越してきた新住民のカラーがかなり異なっているため、個性が違う人びとにサービスを提供する難しさがあるとのことだった。

さらに、元からの住民のなかでも、図書館がとくにサービス対象として重視しているのは、義務教育もそこそこに海運業に従事している人びとが多く住むコミュニティーである。

一〇代からずっと船とともに過ごし、基礎的なリテラシーに問題を抱える人や電子機器の操作に不慣れな人もたくさんいる。こういう人たちが問題に直面するのは、海運業から引退したときである。行政の電子化が進むなか、電子機器の操作ができないと生活に必要とされる手続きさえ滞ってしまうことになる。スタッツプレイン図書館では、基礎的なリテラシーに問題を抱える人たちを対象としてリテラシー講習会を開催しているとのことだった。

ところで、スタッツプレイン図書館のニックネームは「二階（De tweede verdieping）」である。

ジーナさんによれば、図書館が市庁舎の二階にあることに加え、資料のみならずその一段階上のもの、つまり生活に活用できるツールや知識を提供する図書館でありたいとの思いが込められているそうだ。そういえば、図書館のウェブサイトには、ニックネームの「De tweede verdieping」に続いて「meer dan een bibliotheek（図書館以上）」というキャッチフレーズが続いていた。「図書館以上の図書館」とは一体どのようなものだろうか。

ジーナ・ファン・デン・ベルフさん
（写真提供：本人）

デジタルサイネージが至る所に

スタッズプレイン図書館の成り立ちを把握したところで、館内を案内してもらいつつ、最新テクノロジーがどのように使われているのか見せてもらうことにした。この図書館の特徴は、ウェブサイトを介したインターネット上のオンラインサービスだけでなく、図書館の物理的な空間にデジタルサービスのための仕掛けがもち込まれているところである。館内の至る所にデジタルサイネージがあることにまず気付く。もっとも、デジタルサイネージは図書館だけでなく新市庁舎のすべての公共エリアに設置されており、訪れる住民とのコミュニケーションに役立っている。

プログラムは年間一〇〇本以上

スタッズプレイン図書館では、年間一〇〇以上のプログラムが行われている。『活動報告二〇一六』を見ると、「愛の詩を書くワークショップ」や「健康的なおやつ」など魅力的なプログラムが並んでいる。展覧会、移民・難民を対象としたガイドツアーや「糖尿病に関する知っておきたい情報」など、健康に関するワークショップは定番のプログラムとなっている。また、電子書籍閲覧機器の講習会など実用的なプログラムも行われている。このように多彩なプログラムから、スタッズプレイン図書館ならではの特徴あるプログラムを紹介しておこう。

至る所にデジタルサイネージがある

図書館が主導する地域健康プロジェクト

地域住民のための「健康ニューウェハイン（Nieuwegeingezond.nu）」は、スタッズプレイン図書館がもっとも力を入れているプロジェクトである。開館する際、コンセプトデザインに図書館と社会福祉機関との連携が入っていたこともあり、開館当初から住民の健康意識を高めて、健康増進につなげていくことが最優先課題となっていた。とりわけ、生活習慣病の予防に関しては、正しい情報を入手することで日常生活の組み立てが大きく変わってくるから、図書館が中心となって福祉施設とプライマリケアにかかわる機関が連携して、住民の健康をコントロールするための仕組みをつくり上げてきた。

スタッズプレイン図書館は二〇一六年にプロジェクトを立ち上げ、健康的なライフスタイル全般にかかわる情報発信をはじめた。専用ウェブサイト（Nieuwegeingezond.nu）は地元の医療専門家によるコラムを中心にして構成されており、健康的なライフスタイルに関するアドバイスが寄稿されている。また、コンテンツやプログラムはニューウェハインの保健センターや福祉担当部署と密接に連携しながら作成されており、そのサイトを運営しているのは専従のウェブエディターである。

協力者は公的な組織だけではない。ある図書館との連携プログラムを企画したヨガスタジオの講師が次のようにコメントをしていた。

「図書館と協力しながら住民のために情報が提供できることを誇りに思います。これからも、ともに活動していきたいです」

専用ウェブサイトはオンラインでの情報発信を中心としているが、リアルな空間でのプロジェクトにも力を入れている。それが、図書館内で展開されている「利用者健康化作戦」だ。館内には、エアロバイクが数か所に設置されている。スタッフルームにも、甘いお菓子ではなくフルーツを置くようになったというのだから徹底している。

対話空間としての図書館

もう一つの看板プログラムは「公開討論会（Ontmoeting en debat）」である。二〇一六年には四回の公開討論会が行われ、延べ一五〇名近い住民が参加している。テーマとなったのは、「寛容」「国民医療基金（Nationaal Zorgfonds）」「地域の安全」「性」だった。

社会的背景の違う人びとが集まる図書館で議論することによっ

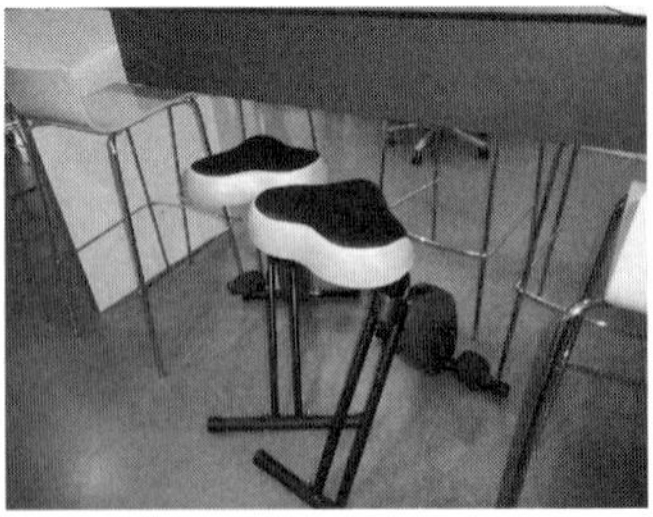

図書館で健康になろう！ 館内に置かれたエアロバイク（左）とスタッフルームに置かれた健康器具（右）

て他者の意見に耳を傾け、話し合いを積み重ねて理解を深めることが意図されている。たとえば「寛容」についての議論では、難民と受け入れ側の住民が意見を交わしている。「国民医療基金」の討論会には支持派と反対派がパネリストとして招かれ、両方の立場からこの問題を議論している。また、「地域の安全」では、ニューウェハインが二〇一六年に発表した「セキュリティ総合計画」について、住民がそれぞれの居住区で何ができるのかに焦点を当てた話し合いが行われ、地元の警察官や青少年も参加した。さらに「性」を取り上げたときには、保護者や教員を対象として、地元のカレッジとの共催で公開討論が行われている。

　オランダ公共図書館サービス法には、図書館の役割として「集会および議論の場となること」が明記されているわけだが、この公開討論会はその好例とも言えるプログラムである。

「未来への一歩：ライブラリー3.0」

　図書館は「政策ビジョン　二〇一四年～二〇一七年：未来への一歩：ライブラリー3.0（Beleidsvisie 2014-2017 - Een stap dichter naar de toekomst: Bibliotheek 3.0）」を発表している(1)。このなかでスタッズプレイン図書館は、サービスの重点を地域情報センターとしての役割に移行する試みを

（1）*Beleidsvisie. 2014-2017 'Een stap dichter naar de toekomst: Bibliotheek 3.0* https://www.detweedeverdieping.nu/images/pdf/S25C-213071608551.pdf

明らかにした。具体的には、二〇一三年時点で約七割を占めていた読書センターとしての役割を二・五割まで減らし、二割を占めていた地域情報センターとしての役割を六割程度まで増やそうとするものである。

これは、文献資料の提供機関から地域情報提供機関への転換を意味していた。公共図書館がコミュニティーの情報センターとして機能すること自体は決して新しいコンセプトではない。世界中の公共図書館を牽引してきたアメリカでは、すでに一九二〇年代に地域情報センター構想が生まれ、実際に情報センターとして機能する図書館がつくられていた。しかし、その場合でも、公共図書館サービスのメインは文献資料の提供であった。スタッツプレイン図書館の場合は、これを逆転させようとしているところに改革の新しさがある。

スタッツプレイン図書館が考える地域情報センターは、単に地域の情報を収集・組織化・提供するだけでなく、コミュニティー情報を介して地域に暮らす人びとを結び付けようとするものである。館内のあらゆる場所にデジタルスクリーンが設置され、図書館のイベントだけでなくニューウェハインのすべてのイベントが映し出されている。また、雑誌コーナーの近くには、「ニューウェハイン広場（Nieuwegein-plein）」と呼ばれる地域情報のための特別な空間があって、紙の情報とデジタルの情報が両方入手できるようになっている。もちろん、ここにもデジタルサイネージの機器が設置されている。

コミュニティーで生きるための「バーチャルファイル」

オンラインでは、「バーチャルファイル（virtuele dossiers）」と呼ばれる地域情報ファイルの構築に取り組んできた。これはニューウェハインの住民が関心をもつ社会問題を対象に、専門家やステークホルダーから情報を集め、図書館がデジタル情報として蓄積・提供していくサービスである。

バーチャルファイルは、地域住民と専門家の対話からつくられる。特定のトピックについて図書館が専門家に依頼して、地域住民を招いて公開討論を行う。この記録がバーチャルファイルのデータとなって、いつでも図書館のウェブサイトからアクセスできるようになっている。

バーチャルファイルのトピックは、「失業受給者義務とボランティア活動」や「行政と宗教」など、住民が日々の生活のなかで実際に直面する問題が選ばれている。後者はニューウェハイン市庁舎につくられた祈祷コーナーのデザインに関しての議論で、多様な宗教的価値をどのように祈祷コーナーづくりに反映することができるのかをテーマとしたものである。

バーチャルファイルは、基本的には住民と専門家による議論の記録に基づいているが、情報をより多面的に示すため、テーマにかかわるインタビュー調査やデータ分析も行われている。だから、図書館でバーチャルファイルの作成にかかわる専門編集者は、ジャーナリズムに関する研修を受けるとともに、地元の専門家や住民と定期的なコンタクトを維持している。

コミュニティー情報を収集・組織化・提供することは、図書館ではアナログ資料の時代から伝統的に行われてきたことである。これを完全に電子化し、さらに編集を加えてインタラクティブな形で維持していく点に、スタッズプレイン図書館が展開するバーチャルファイルの特徴がある。

誰もが気軽に立ち寄り、自分たちの住んでいる地域のことについて学び、意見をもち、議論をぶつけ合う場所となっているスタッズプレイン図書館は「インタラクティブな情報の広場」である。オランダでは、二〇〇六年七月に「社会支援法（Wet maatschappelijke ondersteuning: WMO）」が制定された。同法の柱は、生活や健康に関する個人責任、社会参加の重要性、地方分権であったが、最初の二つは、図書館における情報の提供に深くかかわっている。スタッズプレイン図書館は社会的要請に果敢にチャレンジし、成功を収めたのである。

3 チョコレート工場が図書館になった

チーズの街にある図書館

ゴーダ（Gouda）は南ホラント州にある基礎自治体である。オランダといえば、真っ先にチーズを思い浮かべる人も多いことだろう。実際、街のあちこちで巨大なチーズを山のように積み上げたチーズショップを見かける。ホテルの朝食でもチーズは常に複数の種類が用意されており、どれを食べても信じられないほどおいしい。チーズだけでなく、牛乳やヨーグルトなどの乳製品が好きな人にとってオランダは天国である。

たくさんある種類のなか、産地名を冠した「エダムチーズ」と「ゴーダチーズ」はオランダが世界に誇るチーズであり、これら二つの名称を知らない人はおそらくいないだろう。このゴーダに、「チョコレート工場」の名称で住民に親しまれている、オランダでもっとも注目されている「ゴーダ公共図書館（Stadsbibliotheek Gouda）」があることを知ったのは、定期購読をしている図書館関係の専門雑誌〈*New Library World*〉の記事を読んだからだ。

論文を書いたのはゴーダ図書館プラニング・リーダーであるジョイス・ステルンハイム（Joyce Sternheim）氏で、図書館や文化機関に関する将来計画と実現のために集められた専門家集団からなるロッテルダム創造省（Ministerie van Verbeelding）のメンバーである。ロッテルダム創造省の専門知識と想像力が、「新生」ゴーダチョコレート工場へと結実したのである。

チョコレート工場をリノベーションして生まれ、革新的なサービスで知られるこの図書館はオランダの図書館界でかなり話題になっていて、ある図書館員に「ゴーダに行く」と告げると、「チョコレート工場の図書館に行くのね」と言われるほど有名な図書館である。

アムステルダムから一時間ほど南に行った所にあるゴーダを目指して電車に乗り込んだ。アムステルダム中央駅を出て一五分ほど経つと、大きな川と牧草地が車窓に広がってくる。川には貨物船が行き来しており、いかにも海運国オランダらしい風景となっている。線路の両脇が牧場になっていて、そこには牛と馬が放牧されていた。よく見ると、羊もアヒルも同じ空間で飼われている。牧場の敷地が広大なので、動物たちは伸び伸びと過ごしている。このような環境で自由に過ごすのだからおいしいチーズができるのだろう、と納得してしまった。

古都ユトレヒトを経由してゴーダに到着する。知らない人がいないほど有名なゴーダには、一年を通して観光客がたくさん訪れている。しかし、ヨーロッパの古い街の大部分がそうであるように、街自体の規模は小さくてのんびりとしている。

駅を出て二、三分歩くと、すぐに街の中心部に辿り着く。赤い木組みの窓枠で有名な市庁舎前の広場では、毎週、木曜日にチーズ市場が開かれて大勢の見物客でにぎわうという。その市庁舎の周りにある広場を取り囲むように店が並んでいる。店の外に椅子

チーズショップがあちこちにある

赤い木組みの窓がかわいらしいゴーダ市庁舎

を並べているカフェでは、大勢の人びとがゆっくりとお茶の時間を楽しんでいる姿が見られ、典型的なヨーロッパの小都市の光景をつくり出している。

街の中心から歩いて五分ぐらいの所に話題の図書館はあった。図書館に併設されたカフェ・クルイム（café Kruim）は、入り口付近のかなりの広いスペースを占めている。私が訪れたのは八月末だったので、ほとんどの人が当然のように外の席に座っていたが、空席が目立つ室内は、秋以後におそらく満席となっているにちがいない。

リノベーションにあたって図書館は、同じ建物内に、カフェ、文書館の出張分室（Streekarchief Midden-Holland）、そして印刷工房（Drukkerswerkplaats Gouda）を併設することを決めた。現在、これらの四つの機能が一つの建物の中で有機的に連動して、街の総合文化施設としての役割を果たしている。休館日はなく、月曜日から金曜日までは一一時から二〇時まで、週末は一一時から一七時まで開いている。さらに、開館前の二時間と閉館後の一

カフェ・クルイム

チョコレート工場をリノベーションしたゴーダ図書館

時間はセルフサービスで図書館を利用することができる。

訪問者が自然と集まる大きな階段

ゴーダ図書館に入って真っ先に目につくのは、やはり一階と二階をつなぐ大きな階段であった。調査も後半になり、オランダの図書館の「階段の洗礼」にも慣れてきたのだが、大きさで言えば、ゴーダ図書館のそれは群を抜いてビッグサイズだった。階段の途中には座り心地のよいソファが配置されている。エレベーターもあるのだが、この階段をゆっくり歩いている高齢者をたくさん見かけた。階段がまるで広場のような役割を果たしていて、自然と利用者が集まってくる。

大階段の上からカフェを見下ろす

話をうかがうことになっているマルルース・ミデルドルプさん（Marloes Middeldorp）さんとの約束までに時間が十分あったので、私も階段に腰をかけて利用者の様子を眺めることにした。まず目に入ったのは、階段の真ん中に設えられたブルーのソファに座って大きな声で議論をする二人だった。一人はヒジャブをかぶった若いムスリム系の女性で、もう一人は六〇代と思われる男性である。

二人は一つのテキストを覗き込み、英語で会話をしているようだった。時には真剣に、時には大きな笑い声を上げながら親しげな会話を続けていた。その脇を、高齢の夫婦が手を取り合ってゆっくりと上っていく。

一階には、人気の高い本が集中的に配架されている。その一角が子どものためのコーナーになっていて、この図書館にもメーカースペースが設けられていた。二階には、工房、コンピュータコーナー、文書館の分館、学習用のキャビン、会議室などがあり、全体が静寂スペースとなっている。このなかで、活版印刷の愛好家によってつくられたNPOが運営する「活版印刷工房」は、複合施設ゴーダ図書館ならではのユニークなコーナーとなっている。

ドイツでグーテンベルグ（Johannes Gutenberg, 1398?～1468）が発明した印刷術がもっとも早く伝わり、地理的にもヨーロッパの出版文化の中心であったオランダでは、一七世紀末から一八世紀の初めには数多くの出版社が商売

印刷工房にある古い印刷機

を行っていた。このような古い伝統が、デジタル時代の現在にもオランダには脈々と根付いている。工房では、印刷技術に詳しいメンバーが講師となって本格的な機械を使って会員が本づくりを楽しむほか、印刷に興味をもつ一般の人びとを対象にしてワークショップを開き、活版印刷の魅力を多くの人に伝えている。

州文書館の分館でルーツ探し

二階の奥は文書館の分館スペースとなっている。地域に関する古い資料を調べようと思って訪れる利用者を支援するために、アーキビストが専用のデスクで待機している。古い資料の多くはマイクロフィルムとして保存されている。それを拡大するためのマイクロフィルムリーダーが何台も並ぶデスクでは、熱心な利用者が調べ物をしていた。

ヨーロッパの図書館では、こうした古い資料を必要とする人は研究者や郷土史家というのが一般的だが、なかには自分のルーツを探すために図書館を訪れる人もいる。そのため、大抵の公共図書館では家系図を辿るためのデータベースを準備している。

アーカイブコーナーに隣接する二階の窓際は、ゆったりと配置された個人席が並ぶ閲覧スペースとなっている。そこで利用者は、思い思いの姿勢で読書や学習に集中していた。一階にあるカフェの喧騒はかなりのボリュームなのだが、その音もここまでは届かず、静寂さがあたりを包んでいる。驚くべきことに、さらなる静寂を求める人のためにゴーダ図書館では「学習キャビン」も設置していた。この中は完全なる静寂だが、さすがにここまで徹底している図書館をゴーダ図書館以外で見ることはなかった。

ひとしきり館内を回ったあと、マルルースさんへのインタビューを行った。マルルースさんはゴーダ図書館の運営主任（Manager Front Office）を務めている。オランダでも、新しいタイプの図書館を運営するのは大変そうだが、そうした課題にも涼しい顔をして取り組みそうなクールな女性である。インタビューは、この図書館の顔とも言えるカフェ・クルイムで行うことになった。「さあ、なんでも好きな飲み物を頼んでください」と言われたので、遠慮なくミントティーを頼んだ。このミントティー、まずはぎっしりと生のミントの葉を詰めたグラスが運ばれてきて、その上からスタッフがお湯を注いでくれるというものだ。素晴らしいミントの香りが広がる。そして、いかにも濃厚そうなハチミツが添えられている。グラスの受け皿には、おまけのチョコレートが

利用者が集中して作業をするための究極の静寂空間「学習キャビン」

アーカイブスペースで調べ物をする利用者（手前）とアーキビスト（奥）

一枚載っていた。

マルルースさんはカプチーノを頼んだ。面白いことに、まずミルクが入った耐熱グラスが机に置かれ、そこにポットからコーヒーが注がれる。コーヒーが最初に入っていて、そのあとに泡立てられたミルクが注がれるのが普通のような気がするが……それはともかく、カプチーノのほうもとてもおいしそうである。ここが「こだわりのカフェ」であることはインタビューのなかでマルルースさんが何度も言及していたが、確かに飲み物だけでも期待を裏切らないクオリティーである。

まずは、図書館を入って最初に目に入った二人連れのことを尋ねてみた。「あ、あの人たちね。彼らは図書館の常連で『語学仲間』と呼ばれる人たちです」と、すぐさま彼らのことが分かったようだ。「語学仲間」とは、特定の言語を習いたい人と教わりたい人のマッチングサービスのことだという。ペアをつくって語学を学び合う仕組みになっていることや、彼らが待ち合わせ場所を図書館にしていること、そして、長く滞在して、いつも二人でおしゃべりをしているということを教えてくれた。

図書館、印刷工房、文書館、カフェをもつ図書館は、おそらく世界でもゴーダ図書館しかないだろうが、異なる四つの機能が相乗効果を上げながら、図書館機能だけでは実現できない文化空間を醸成している。この四つの機能のうちカフェ・クルイムだけがやや異質に見えるが、ゴーダ図書館ではカフェを単なる休憩空間とは見なしていない。このカフェが他の三機能と同様「創作と想像」のためのスペースであることを、マルルースさんはこれまで行ってきたプログラムを例に挙げながら説明してくれた。

「図書館のカフェは、館内の文化プログラムと連動しています。だから、できるだけフレキシブルな対応が求められるんです。そうした柔軟性をチェーン店に求めることはできないでしょう。というのも、チェーン店ではあらかじめマニュアルによって細かい手続きが決められていて、そうした手続きから逸れることはできませんから。だから、図書館のプログラムに合わせてフレキシブルに対応してくれる独立したカフェが私たちには必要だったんです」

「カフェのクオリティは、ものすごく大切です」と、マールスさんはインタビューのなかで何度か繰り返した。これでもかというぐらいフレッシュなミントが詰め込まれている香り高いお茶を飲みながら聞くと、マルルースさんの言葉に説得力が増す。

図書館の課題を尋ねたところ、真っ先に返ってきた答えは、自治体の予算減額による図書館の財源問題だった。解決策としてゴーダ図書館がもっとも重視しているのは、やはり会員を増やして会費収入を少しでも増やすことである。財源を増やすための可能性を探るなかで、企業へのファンドレイジングはもちろんのこと、住民からの寄付金なども募っているそうだ。なかでもユニークだと思ったのは、ゴーダ図書館では食べ物・飲み物の持ち込みが一切認められていないことである。カフェで購入したものだけに限定しているという。これも、少しでも図書館の収入を増やすための策である。

インタビュー後、マルルースさんが改めて館内を案内してくれた。そのとき、「私たちの図書館は、一階と二階では雰囲気や音の感じがまったく異なるんです」と話された。確かに、一階は誰もが立ち寄りやすい賑やかな場所で、二階は目的をもって図書館に訪れた人たちのための空間になっている。ゴーダ図書館ぐらいの大きさになると、賑やかな場所から完全な静寂空間まで、館内にいろいろなスペースをつくることができる。利用者にとっては理想的な空間になるだろう。一つの空間を、そのときの目的や気分によって使い分けることができるのだ。もし、近所にこんな場所があったら、私はきっと一日に何度も訪れてしまうと思う。

4 プラットフォームから図書館に直行

オランダの駅ナカ図書館を知ったのは、『世界の不思議な図書館』（アレックス・ジョンソン／北川玲訳、創元社、二〇一六年）という本がきっかけだった。世界中にあるちょっと変わった図書館を紹介する本で、おなじみのブックバスだけでなく、ラクダ、ロバ、象などの背に図書をくくりつけて利用者のもとに向かう移動図書館や、期間限定の海辺の図書館、公衆電話ボックスの図書館などユニークな図書館が登場する。そのなかに、オランダのステーション・ライブラリーがあった。

ステーション・ライブラリー

駅に図書館が設置されていることは、それほど驚くことではない。どこの国でも駅はもっとも人が集まる場所なので、乗降客に向けて図書館サービスを行っているところが多いからだ。デンマークでもスウェーデンでも、駅の構内に設けられた公共図書館がいくつもあるし、『世界の不思議な図書館』でもマドリードの地下鉄図書館が紹介されている。しかし、オランダのステーション・ライブラリーの場合、何とその場所はプラットフォームにあった。

最初のステーション・ライブラリーはハールレム（Haarlem）に二〇一一年につくられ、二〇一七年に二館目がロッテルダムに

プラットフォームから見た館内の様子

電車を降りてすぐ図書館の入り口がある

できた。いずれも通勤客を対象としているが、ハールレムの開館日は月曜日から金曜日、開館時間は二部制になっていて、午前の部が午前七時半から九時半、午後の部が一六時から一九時となっている。ロッテルダムのほうは、何と休館日はなく、八時から二〇時まで開館している。

ステーション・ライブラリーは、「旬の本」を置くことに重点を置いている。よく読まれている本やメディアで話題になっている本を意識して揃えるようにしており、一年間ですべての蔵書が入れ替わるようになっている。読書推進にはこの上ない環境だが、ここまでサービスされると、出版社の売上のことが心配になってくる。

エアポート・ライブラリー

オランダには、駅だけでなく空港にも図書館があった。世界初の空港図書館は、スキポール国際空港の出国ゲートを通った内側のオランダ通り（Holland Boulevard）にある。空港では、たいがい長い待ち時間があり、時間をもて余してしまうことが多い。そんなフライト前後に少しでもリラックスして、できればオランダのことを知ってもらうための情報提供空間となることを期待してエアポート・ライブラリーがつくられた。この図書館は教育・文化・科学省の助成によるもので、職員はおらず完全なセルフサービスシステムとなっている。

誰にとっても、空港というところはひどく疲れる。いい休息場所を見つけたとばかり思い切り寛いでいる人がほとんどだが、なかには熱心に仕事をしている人やエアポート・ライブラリーの児童書を利用して読み聞かせをしている親子がいた。

公式ウェブサイトによると、三〇か国語に翻訳されたオランダの小説、オランダ文化やアムステルダムを紹介する写真集やビデオ、そしてオランダのミュージシャンの音楽などがあると書かれていたが、残念ながら私が訪れたときにはiPadなどのデジタル機器は見当たらなかった。iPadが置かれていたと思われるところには紙の本が置かれていた。

この図書館にもピアノが置かれていて、「才能をぜひ共有しましょう（Share your talent）」と書かれたプレートがあった。滞在している間、上手い人もそれなりの人もいるが、ピアノの音が途切れることはなかった。図書館、駅、そして空港にまでピアノが置かれている。芸術大国オランダの一面を「公共ピアノ」が象徴しているようだ。

エアポート・ライブラリーの入り口

エアポート・ライブラリーにふさわしいガイドブック

第8章

21世紀の北部ヨーロッパ図書館

コミュニティーを再生した公共図書館（レントメストラヴァイ図書館）

この一〇年間、北部ヨーロッパの図書館をめぐってきた。行くたびに図書館は確実に進化していて、常に新しい発見があった。本章では、改めてその変化について考えていくことにしたい。

1 コミュニティーを再生したコペンハーゲンの公共図書館

北欧の公共図書館研究を牽引するコペンハーゲン大学の図書館情報学研究者が二〇一二年に二一世紀の公共図書館のあり方を四つの空間モデルとして表現したことはすでに紹介したとおりである（一〇四ページ参照）。北欧の図書館は、半世紀前にすでに図書館の基本的な制度とサービスを完成させており、それ以降は、伝統的なサービスを基盤に情報と文化にかかわる多目的な文化施設として新たな展開を目指している。

モデルの提唱者の一人であるヨコムスンさんは、一九六四年の図書館法に、公共図書館の目的が文化活動の推進であることが明記されたことによって、デンマーク公共図書館は資料中心の伝統的な図書館から文化活動を含む総合的な文化施設へと転換を図ったと指摘している。その意味で、四空間モデルの原型は一九六〇年代まで遡ることができ、伝統的な図書館との断絶を示すモデルでないことが分かる。

レントメストラヴァイ図書館の衝撃

二〇一一年、コペンハーゲンにオープンしたレントメストラヴァイ図書館（Rentemestervej Bibliotek）は四空間モデルを具現化する図書館である。難民集住地区にあるこの図書館は、コミュニティー再生プロジェクトとして文化センターのリノベーションが計画されたとき、センターの中核を担う機関となることが期待された。

プロジェクトは地域住民の意見を大いに取り入れて進められ、結果として再生計画は大成功を収めた。図書館のすぐ近くにあった公園は、かつては薄暗く犯罪が頻発していた所だが、今ではスケートボードが思いっきりできる見晴らしのよいオープンな空間へと生まれ変わっている。

図書館を含む複合施設には、知的障碍者が働くカフェ、行政の出張所、地域自治組織の集会所、レンタルミシンを備えた工房、ケーブルテレビとラジオの放送局、住民センター、文化ホールがある。外壁と内部の壁は、デンマークではとても有名なグラフテ

図書館の外壁は人気のグラフティ・アーティストが手がけた

スケートボードが思いっきりできる公園

イ・アーティストのフスク・ミット・ナウン（Husk Mit Navn）が描いたユニークなイラストで埋めつくされている。

館内を入ってすぐのところには免許証やパスポートの更新ができる行政サービスの窓口があり、少し進むと広いカフェスペースとなっている。カフェ「グラズ」を運営しているのは、デンマークで初めて障碍者のためのテレビ局を創設した民間財団「グラズ・フォンデン（Glad Fonden）」である。同財団は、障碍者自立のために食品、デザイン、旅行などにかかわる事業を展開したり、障碍者が楽しめる動物園なども経営している。

カフェの目の前には、「ほら穴」と名付けられた子どものための読書スペースがある。書架はなく、本はすべて緑のボックスに収められている。資料は緩やかに主題ごとに分類されていて、子どもたちは興味のあるボックスを選んで本を読んだり、司書から本を読んでもらったりして過ごしている。

デンマークの図書館には珍しく、靴を脱いで上がるようになっていて、本を読まずにボックスをよじ登ったりしながら遊んでい

子どもたちが自由に取り出せるボックスに入った児童用図書

住民が気軽に利用する図書館内の「カフェ・グラズ」

る子どももいる。カフェでゆっくり過ごす保護者が、何かあったらすぐに子どものところに行けるようになっているのでとても評判がよい。

オープンライブラリー

北欧のなかでも図書館サービスの開発に関しては常に先頭を走るデンマークは、いつも常識を超えるサービスをしては図書館関係者を驚かせているが、「オープンライブラリー（åbne biblioteker）」はまさにそんな試みの一つだった。

オープンライブラリーとは、職員不在の時間帯でも住民がセルフサービスで図書館を使えるようになっている仕組みで、朝八時から一〇時と一七時から二二時頃をオープンライブラリーとする図書館が多い。二〇一〇年頃からこのシステムを導入する図書館が徐々に増えはじめ、二〇一五年には、デンマークの半数以上の図書館がこのシステムを導入するというほど全土に広まっている。ちなみに、住民は健康保険証カード（Sygesikringsbevis）を使って入館している。

オープンライブラリーがはじまったきっかけは、図書館側の人件費削減のためであった。それだけに、図書館界は両手を挙げてこの仕組みを喜ぶわけにはいかない。その一方で、セルフサービスの権利を与えられた利用者はすぐにこのシステムに馴染み、使いこなすようになっている。

今や、デンマーク公共図書館の利用者は、二種類の図書館を自在に使い分けているように見える。司書が勤務する時間帯には自分が探している資料や読書の相談を行い、セルフサービスの時間帯には、資料をのんびり眺めたり、気に入った資料を借りたり、ただゆっくりと寛ぐために図書館を利用している。

デンマークは、何事も「結果オーライ」。おおらかな人が多いのだが、さすがにこの制度をはじめるときには、図書館内でよからぬことが起こるのではないかという懸念があった。だが、実際にオープンライブラリーがはじまってみれば、器物損壊や犯罪などといった心配事はほとんど起こらなかった。驚くべきことであるが、それが真実である。

デンマークの半数以上の公共図書館がセルフサービスの時間帯を設けている。左側の数字がセルフサービスの時間帯（レントメストラヴァイ図書館）

いくつかの理由が重なって、オープンライブラリーはデンマークで定着した。すべての図書館で資料の貸し出しと返却が機械で行われていること、資料の持ち出し感知装置であるＢＤＳ（二一一ページ参照）が一〇〇パーセント普及していること、人件費が高いデンマークでは図書館にかぎらずセルフサービスが普及していること、そして防犯カメラなどのテクノロジーの活用もこの仕組みを後押しした。でも、それだけではオープンライブラリーは成立しない。成功した最大の秘密は、人と人とがお互いに信頼し合う「社会信頼度」が飛び抜けて高い国であることだ。

「またしてもデンマークの図書館がやらかした」とばかり、この大胆な仕組みを驚きつつ見守ってきた隣国ノルウェーやスウェーデン、そしてフィンランドの図書館も、オープンライブラリーを導入しはじめている。もちろん、オランダでもこの仕組みを取り入れる図書館が急増している。

図書館情報学を専攻する大学院生へのインタビュー

本書の執筆中、私が所属する筑波大学図書館情報メディア研究科にコペンハーゲン大学からヘレ・モストゴー・ラースン（Helle Mostgaard Larsen）さんとスィセル・リーネ・ニルスン（Sidsel Line Nielsen）さんが留学中だった。どうしても贔屓目に見てしまいがちなデンマーク公共図書館について、お二人から率直な意見を聞くことにした。

スィセルさんとヘレさんはコペンハーゲン大学人文学部情報学アカデミーのオーフス校に籍を置き、図書館と文化政策について学ぶ大学院生である。専攻が図書館情報学であるため、二人とも公共図書館の利用度が高いと予想されるので、インタビューでは家族の話も聞いてみることにした。

まずは、お母さんが図書館好きで図書館通いが習慣となったヘレさんのケース。彼女の場合は、小さいころ、少なくとも週に一回は近所の分館を訪れていたという。

「母が私に読書の楽しみを教えてくれたんです……。司書はとっても感じがよくて、本や音楽、ビデオを選ぶのが楽しみでした」と、幼い頃の図書館体験を語ってくれた。

ヘレさんは、地元の図書館で一三歳から一七歳まで書架整理のアルバイトをしていたそうだ。デンマークでは、ティーンエイジャーが図書館でアルバイトをすることはよくある。ヘレさんは、アルバイト以外の時間にも本を借りたり、コンピュータを使ったりと図書館を駆使し、司書と話すことを楽しみにしていたという。残念ながら、アルバイトをしていた図書館は予算削減のために閉館してしまったそうだ。

現在は、公共図書館には週一回から二回のペースで訪れ、ウェブサイトで予約した本をピックアップして、自宅にはないコピー機やスキャナーを使ったりするというのが定番の使い方のようだ。お母さんも図書館の常連で、今では、ヘレさんがお母さんに本をすすめているという。一方、お父さんは、どちらかといえばアウトドア派で図書館には行かないとのことだった。

ヘレさんが、デンマークの図書館について次のように語ってくれた。

「公共図書館がないということは想像することもできません。公共図書館はデンマークの社会と文化にとって重要な構成要素だと思いますし、すべての人に開かれている点がとくに優れています。また、図書館はすでに本を借りるだけの場所ではなくなっています。勉強したり、コンピュータを使ったり、司書からアドバイスをもらったり、音楽を聴いたり、映画を観たり、ビデオゲームをしたり、コーヒーを飲んだり、サンドイッチを食べたり、そして友達と会って素敵な時間を過ごしたりする場所となっています。そのほか、ブックトークに参加したり、編み物クラブ、ブッククラブなどといったたくさんのクラブ活動ができます。

そういえば、子どもたちは図書館で誕生日を祝ったりもしていますし、保育園の子どもたちは先生と一緒に図書館に行って遊んだり、本を読んだりして楽しい時間を過ごしています。このように、公共図書館でできることは驚くほどたくさんあるのです」

スィセルさんのほうは、現在、図書館でのボランティアとして「IT-café」で利用者の支援をしている。デンマークでは多くの行政手続きがオンラインで行われているのだが、コンピュータが使えないため手続きがうまく行えない人が一定数いる。そのために、デンマークのほぼすべての図書館でインターネット講座が開かれている。「IT-café」はその一つで、コンピュータやインターネットの利用に関して自由に質問ができるサロンのようなものである。

そこにはボランティアが常駐しており、利用者からの個別の質問に答えている。スィセルさんがスタッフとして働いている図書館では、コーヒー、時にはお菓子が振る舞われるそうだ。スィセルさんは、「IT-café」での支援に携わることで未来を切り開いているという実感がもてることがやりがいにつながっていると、活動への意気込みを語ってくれた。

日本でも図書館でのボランティア活動がとても盛んであることを紹介すると、「デンマークでは、図書館でボランティアを導入するためには労働組合から許可を得る必要があります。ボランティアによって司書が職を奪われたり、配置換えをされたりしないようにするためです」という答えが返ってきた。

スィセルさんに、本を借りる以外に図書館をどのように使うのか尋ねてみた。

「待ち合わせの場所として使ったり、ボードゲームをしたり、展覧会を観たり……」

そう、図書館は「待ち合わせの場所」としては最高の場所なのである。ちょっとぐらい遅れても、本を読んだり、コンピュータを使ったりして「待たされ感」がまったくないからだ。さらにスィセルさんは、デンマークの図書館について次のように語ってくれた。そして、進化を遂げた図書館の姿を、政治家にこそ知ってもらいたいと強調していた。

「デンマークの公共図書館は、時代の流れと利用者のニーズに追いつき、よい進化を遂げていると思います。それに、図書館で静かにする必要はありませんから、グループ学習のためにも使うことができます。図書館で勉強仲間と議論したり、勉強をサポートしあったりすることができるのです。

また、司書は、図書館がどのように変化していくべきかをいつも考えて実行しています。残念なことは、図書館への資金投入に関して強い影響力をもっている政治家の多くが公共図書館の価値を十分に理解していないことです」

スィセルさんの家族はあまり公共図書館を使っていないということだが、興味深いのは、図書館が開催するブックセールのときだけはお父さんが図書館に行って、孫にプレゼントする本を選んでいるという。私がコペンハーゲンに滞在していたときも、図書館のブックセールは毎回かなりの盛り上がりを見せていた。通りから見える場所で行うので、普段は図書館に行かないような人もつられて図書館に入ってきて、熱心に本を選ぶ姿がよく見られたものだ。

スィセルさんは、「図書館はすべての人が平等でいられる場所です。私は、それが図書館の基盤だと思う」と言い、ヘレさんも図書館のもっとも重要なポイントとして、「すべての人に開かれている点」を挙げていた。

二人の話を聞いて思い出したのだが、「四空間モデル」の発案者の一人であるヨコムスンさんも、デンマークの図書館の存在意義を考えるとき、北欧の文化福祉モデルの文脈を無視することはできないと指摘していた。デンマークに住むすべての人が平等に情報と文化を受け取ることができるようにすること、それが公共図書館における最大の使命なのだ。

『将来の図書館――市民の期待（*Fremtidens Bibliotek- Borgerens Ønsker*）』(1)は、スィセルさんが教えてくれたデンマーク公共図書館の利用実態についての報告書である。調査協力者は、デンマークに在住している約一〇〇〇名である。以下で、報告書の内容を簡単に説明しておこう。

図書館への訪問頻度は、「週一回以上」が八パーセント、「月一回以上」が二九パーセント、「半年に一回以上」が五二パーセント、「ほとんど行かない」という回答が二七パーセントだった。大規模館を除けば、開館時間がフルタイムで働く人の勤務時間とほぼ重なっているので、「ほとんど行かない」と答えた回答者が四分の一を超えているのはそれほど驚くことではない。

図書館訪問の目的は、「資料を借りるため」が八四パーセント、「映画・ゲーム・音楽資料を借りるため」が二八パーセント、「新聞・雑誌の閲覧」が一六パーセント、「講座・講演会への参加」が一五パーセント、「読書や学習」が一三パーセント、「友人や家族や子どもと過ごす」が一二パーセント、「それ以外」が一〇パーセント、「インターネットアクセスやITアドバイス」が七パーセント、「暇つぶし」が四パーセントだった。大多数の回答者が「資料の貸借」を目的に選んでいた。

一方、図書館がどんな空間として認知されるべきかとの問いに対しては、「知識や文学的経験の場所」が六二パーセント、「学習空間」が五〇パーセント、「過去と現在と出会う場所」が四〇パーセント、「読書訓練の場所」が三九パーセント、「出会いの場所」が二五パーセント、「デジタルサービスの場所」が二三パーセント、「利用者の創造性を育成する場所」が二二パーセント、「デモクラシーについて学ぶ場所」が一九パーセント、「利用者の創作物を公開したり共有したりする場所」が一三パーセントだった。

報告書から明らかになったことは、大多数の住民が資料を借りるために図書館を訪れているが、それ以外の目的で訪れる人も確実に増えていて、自分の目的に合わせて図書館を使い分けていることであった。そして利用者は、多目的空間としての図書館の機能をよく理解している。この結果を見ていると、デンマークでは「四空間モデル」が現実のものになっていることがよく分かる。

デンマークの図書館が世界一にぎやかな理由

なぜ、デンマークの図書館では会話が許されているのだろうか。それは、公共図書館の存在意義である自律的な学びに会話が必要不可欠だからだ。

デンマークでは、一八三〇年代に教育者・思想家ニコライ・フレデリク・セヴェリン・グルントヴィ（Nikolaj Frederik Severin Grundtvig, 1783～1872）が対話を中心とする学びの重要性を説き、「フォルケフォイスコーレ（Folkehøjskole）」と呼ばれるデンマーク独自の生涯学習機関を設立した。このグルントヴィの思想は、北欧、全ヨーロッパ、アメリカのインフォーマル教育に深い影響を与

（1）FREMTIDENS BIBLIOTEK- borgerens ønsker http://www.axiell.dk/wp-content/uploads/2016/05/rapport_fremtidensBibliotek.pdf

えている。つまりデンマークの学びは、一五〇年以上前から「語り合う」ことによって醸成されてきたのである。

「四空間モデル」の提唱者であるヨコムスンさんは、利用者を主体とする今日のデンマークの公共図書館のあり方は、自律的な学習者を基盤とするグルントヴィの教育思想が影響していることを指摘している。実際、グルントヴィの唱えた対話による学びの方法が、今日の公共図書館の学習プログラムにそのまま投影されている。現在、コペンハーゲン図書館では一〇〇を超えるコンピュータ講座が開催されている。その内のいくつかは、「高齢者同士が教えあい学びあう形式」となっている。そこでは、学習者同士の親密度がより増し、インフォーマルな学びを活気づけている。

放課後図書館に直行して長く滞在する少女たち（ソルヴァン図書館）

また、別の例を挙げると、放課後、移民の女子グループが図書館に長時間滞在していることが際立っている。公共図書館は、学校と家庭以外の「もう一つの場所」としての位置づけを獲得しているのだ。彼女たちは、学校が終わるとすぐに馴染みの図書館に駆けつけ、そこで宿題をし、おしゃべりをし、おやつを食べ、勉強に飽きるとゲームをして楽しんでいる。

最初に、彼女たちに居場所としての公共図書館を示したのは司書たちだった。だが今では、図書館内での彼女たちの存在と自然な振る舞いが、図書館が本質的にもっている公共空間としての可能性を司書に提示するようになっている。さらに公共図書館は、すでに地域住民同士、あるいは住民と政治家との議論の場、社会的ボランティア活動の拠点となっていて、住民の社会参加を積極的につくり出してきた。そうした出会いの場／社会参加の空間は、図書館での自由な会話によって成立するものなのだ。

デンマーク公共図書館は、メディアを通じて自分と対話するだけでなく、他者と会話しながらコミュニケーションを通じて文化と情報を共有する空間である。デンマーク公共図書館がにぎやかな理由は、ここにある。公共図書館がその本領を発揮するには、図書館内での自由な会話が「必要」なのである。

2　図書館のカードさえあれば社会とつながれる

北部ヨーロッパの図書館でもっとも重視されていることは社会的包摂《ほうせつ》

北部ヨーロッパの図書館で現在もっとも重視されている課題は、マイノリティーグループを包み込むこと、すなわち社会的包摂である。社会的包摂は、異なる文化背景をもつ人びとが行き交うヨーロッパ社会全体の目標である。そのなかで、人間の基本的権利である情報と文化へのアクセスを保証する公共図書館は、情報アクセスにかかわる社会的包摂を担うことが期待されている。

公共図書館は「知識・情報・文化へのアクセス」を保障し、住民の生涯学習を支える存在である。だが、基本的な情報へのアクセスができないために社会参加がかなわず、文化を享受することができないグループが現時点でも存在しており、その数は増加している。情報格差・文化格差があれば、あらゆる方法を用いてそれを解消しようと努めること、それが図書館の役割である。図書館は文化的に不利な立場にある人に積極的に関与すべき、という考え方は、ヨーロッパの図書館界ではすでに基本原則となっており、最優先課題と見なして予算や人的リソースの配分が行われている。

難民を支える公共図書館

情報と文化へのアクセスに関して不利な立場に置かれているマイノリティーグループのなかで、ヨーロッパにおける最大規模と言えば難民となる。北部ヨーロッパ諸国は、人道的な立場から世界に率先して難民の受け入れを行ってきた。その結果、難民はかつてない勢いで急増した。文化をめぐる対立は、難民に対する差別や排斥といった社会問題を起こし、時にはテロのような悲劇的な事態となってヨーロッパ社会に深刻な影響を与えている。

私が長期調査のためにデンマークに滞在していた二〇〇九年ごろ、図書館界では、すでに難民へのサービスは緊急の課題となっていた。正確に言えば、「難民へのサービス」は正しい表現ではない。なぜなら、難民認定が下りるまでは、移住してきた人びとは難民という存在ですらないからだ。「難民認定申請中」の人びとは「アサイラム・シーカーズ（asylum seekers）」と呼称されているが、移住先でただひたすら「難民となる」ことを待ち続けているのだ。そんななかで、唯一、移住国との文化的なつながりがもてる場所が公共図書館である。

デンマークで公共図書館に利用者登録をする際、デンマークの住民であれば誰もが所持している健康保険証カードを使うことになる。健康保険証カードは、医療をはじめとする公的サービスを受けるための身分証明書であるが、難民認定申請者はまだこのカードを持っていない。だから図書館では、自治体が発行した「難民申請者であることを証明する文書」を持っている人に図書館カードを発行することになる。

図書館カードがあれば、図書、音楽資料、雑誌などを無料で借りることができる。このような特例は、情報と文化へのアクセスが基本的人権であること、その基本的人権を守るためには、通常の行政手続きに例外が認められることを示している。

実際、難民認定が下りるまでの期間中、移民が行くことのできるほとんど唯一の公的空間が公共図書館である。アサイラム・シーカー、そして難民が出身地域を出なければならなかった理由はさまざまであるが、共通しているのは体と心が極限までに疲弊していること、そして肉体だけでなく精神に深い傷を負っていることである。図書館は、そうした人びとにとって肉体と心を休める安全な休息の場所となる。

とはいえ、どんなにゆっくり休んだとしても一度受けた傷が完全に癒されることはない。それでも、移住先でなんとか生き延びていくためには次のステップに進まなければならない。北欧の司書たちは、難民が移住先の社会で生きていくために必要な支援をするためのプロジェクトを立ち上げ、各国も必要な予算を投じてこれに応えた。

代表的なプログラムは、難民の子どもを対象とした無料の学習支援だった。難民支援組織から派遣された退職教員や教員志望の大学院生が教師役を務める子どもの学習支援プログラム「宿題カフェ」は、わずか数年でデンマーク全土、そして近隣諸国に広がった。

図書館界はその後も、就労支援、女性のためのエンパワーメント講座など次々と新しいプログラムを展開した。こうした動きを見ていた難民は、北欧の公共図書館が自分たちのよき理解者であることを知り、徐々に仲間を連れてくるようになった。また、図書館のよい評判は口コミで移

難民の子どもたちのための宿題サポートプログラムを先導したデンマークのソルヴァン図書館

民コミュニティーに伝わっていった。私がデンマークに長期滞在したのは、ちょうどそのころだった。

お昼過ぎに移民集住地区の図書館に行くと、そこはマイノリティーの利用者であふれていた。語学教室やコンピュータ講座、生活情報提供サービスなどが常に開催されており、公教育制度から取り残された難民がここで学び、移住先の社会に一歩を踏み出す準備をしていた。だがその後、公共図書館と移民が築き上げてきた関係性を根底から崩してしまうことになる悲劇が連続して起こった。

コペンハーゲンでのテロ事件

二〇一五年二月一四日、コペンハーゲンでテロ事件が発生した。「芸術、冒涜、表現の自由」をテーマに、芸術活動にかかわる創作者が語り合うというイベントが開催されることになっていた会場が狙われたのだ。また、この事件から一か月前の二〇一五年一月七日、フランスの風刺週刊誌を発行する「シャルリー・エブド社（Charlie Hebdo）」で、警官、編集長、漫画家、雑誌執筆者ら合わせて一二人が殺害されている。コペンハーゲンでのイベントは、このシャルリー・エブド社襲撃事件を受けて企画されており、出演予定者にはスウェーデンの風刺漫画家でイスラム過激派から殺害予告を受けていたラーシュ・ビルクス（Lars Vilks）がいた。犯人は、会場で参加者一人を殺害し、別な場所でも襲撃事件を起こした。

会場となっていた「クルトゥオン文化センター（Kulturhuset Krudttønden）」は、日頃から地元の図書館ともつながりがある施設で、このイベントが図書館で開催される可能性は十分にあった。このようなあまりにも理不尽で悲惨な事件を目の前にして、図書館関係者は言いようもない無力感にとらわれたと思う。図書館が積み上げてきた多様な文化と異なる文化的価値を尊重する理念が、根底から突き崩されたからである。

追悼集会には「テロに屈しない」という思いの人びとが凍てつく寒さのなか集まり、ローソクに火を灯した。図書館は表現の自由を先頭に立って唱導し、表現の自由が侵される事件が起こったときには、そうした脅威に立ち向かう存在であることを再確認した。つまり、テロ事件が起こってもその姿勢に揺るぎはなかったのだ。むしろ、このような理不尽な事件を前にして、その理念は強くなった。

ただ、現実にこのテロ事件の前後、デンマーク公共図書館は変わらざるをえないとの思いを図書館関係者はもったとも聞く。世界一自由度の高いデンマークの図書館が方向転換を迫られたのである。私は、デンマークの図書館で出会ったティーンエイジャーをどうしても思い出してしまう。学校が終わるとすぐに図書館に駆けつけ、そこで安心して過ごす少女たち――彼女たちは、今までのように図書館でかけがえのない時間を過ごすことができるのだろうか……。

3 生きるための情報を獲得する場所

情報から取り残された人びとをターゲットとする公共図書館

情報と文化へのアクセスに関して不利益な立場に置かれた人びとは難民だけではない。二〇一四年にアムステルダム公共図書館は、二〇一五年から四年間の方針を定めた文書（一四三ページ参照）のなかで、図書館サービスがとりわけ必要とされる弱い立場に置かれた人びととして、識字能力が低い住民、高齢者、失業者、ニューカマー／非市民、読字困難者を挙げている。

図書館サービスの必要性がほかの人よりも高い人びとに向けて、公共図書館は学習プログラムを集中的に提供してきた。代表的なプログラムは、読み書き能力を獲得するためのリテラシープログラム、コンピュータを使えるようになるためのIT支援プログラムである。公共図書館は、利用したいと思う人が自主的に利用する機関である。逆に言えば、使う必要がないと考える人は公共図書館に行く必要はない。しかし、情報と文化へのアクセスに関して不利益な立場に置かれた人びとへのサービスに関しては、この基本原則は当てはまらない。

情報へのアクセスは人間の基本的権利であり、リテラシー能力を欠いていればこの基本的権利を満たせないことになる。だから、情報リテラシーを獲得できていない人に対しては、図書館の利用を各自の自主性に任せることはせず、図書館から積極的に働きかけて図書館に連れてこなければならない。近代公共図書館が誕生してから一五〇年が経つが、情報格差はなくならず広がるばかりとなっている。だから、図書館のプレゼンスはますます高まっている。

生きるための情報を獲得するためのデジタルリテラシー

情報と文化へのアクセスに関して不利益な立場に置かれた人びとに対して、図書館は何をしているのだろうか。不利な立場に置かれた人は、自力で生きていくための情報を入手できるようになる必要がある。その中心となるITリテラシーの支援プログラムを図書館が提供しているのである。図書館ではいろいろなタイプの講座を用意して、利用者をサポートしている。

通常、IT支援プログラムには「マンツーマンレッスン」と「集団レッスン」があって、参加者は好みに合わせた学習スタイルを選ぶことができる。マンツーマンレッスンのほうは、決められた時間に図書館に行って、司書やスタッフの手ほどきでITスキルを身につける。レッスンでは、パソコン、タブレット、スマートフォンなど機器の使い方について自由に質問することができる。

デンマークのヴィボー図書館（Viborg Bibliotek）のように、訪問型IT支援サービスをはじめた図書館もある。新サービスは「図書館があなたのところに！」と名付けられた。その内容は、デジタル機器の出前講習会である。司書が小型のワゴン車にコンピュータ、タブレット型端末、スマートフォンなどを積み込んで、リクエストを受けた高齢者施設や学校を訪問する。訪問先では、ＩＴ機器のワークショップを開催したり、電子書籍端末を使った読書会やブックカフェを立ち上げたりと、訪問先に合わせたプログラムを試しているそうだ。

デンマークにかぎらず行政手続の電子化が進むヨーロッパでは、図書館が行政からの依頼を受けてＩＴ講座を開催している。イギリスの生活困窮者と行政との闘いを描いたドキュメンタリーに近い映画『わたしは、ダニエル・ブレイク（I, Daniel Blake）』（二〇一六年）では、とても重要な場面で公共図書館のＩＴ支援が出てくる。

この映画では、新自由主義に席巻された社会において、政府が不利な立場に置かれた人びとに自己責任を求めることがいかに人びとを弱体化させていくかというプロセスがありありと表現されている。その重要な場面で公共図書館が登場するのだ。

長年にわたって大工として生計を立ててきた主人公ダニエルは、心臓病を患って仕事ができなくなる。生活保護を受けるための手続きはオンラインでしか受け付けていないため、コンピュータを持たず、そのスキルもない主人公は、行政職員から教えられた図書館を訪れ、司書からマウスの持ち方を教わることにした。

コンピュータ画面に示されたカーソルを上に移動させるためにマウスを机から持ち上げ、自分も一緒に立ち上がるダニエルに対して、司書はできるだけ親切にコンピュータの使い方を教えようとする。だが、困っている人はダニエルだけではない。彼にかかりきりになって教えるだけの余裕はなく、中立的な振る舞いが求められる。周りにいた利用者もダニエルを助けようとするのだが、どうしてもうまく操作することができず、結局ダニエルはコンピュータを使ってオンラインで行政手続をすることをあきらめてしまうのである。

行政は、仕事の効率化を図るために、手続きを可能なかぎりオンライン化する方向で制度化を推し進めている。しかし、すべての住民がコンピュータスキルをもっていないことも十分に認識している。だから、無料でＩＴスキルを学べる場所が必要となる。そこで白羽の矢が立ったのが公共図書館だった。図書館は、一〇〇年以上も前から常に公教育を補完するためのプログラムを用意しており、リテラシーに問題を抱える人びとの学びを支援してきたからだ。

ダニエル・ブレイクのエピソードは何を示しているのだろうか。一つは、図書館はリテラシースキルをもたない人にいつでも開かれていて、学びの入り口となっていることである。これは、社会的救済機関としての図書館の価値である。もう一つは、これとは正反対の事実である。インフォーマル教育機関のなかでももっとも敷居の低い公共図書館は、ある意味で教育に関するセーフティーネットの一番下の網だが、そこから落ちてしまうことさえあるのだ。

最低レベルのリテラシーがないために本当に困っている人にとっては図書館のＩＴ支援は最後

の砦となるのだが、それすらハードルが高すぎるという過酷な現実がある。しかし、そうであっても図書館は諦めずにドアを開け続けている。

4 文化格差に立ち向かう公共図書館

社会的公正の確立

行政からの要請と利用者からの期待、そのせめぎあいのなかで図書館は存在している。そして、時には行政の枠組みを超えてサービスを行うこともある。これは、図書館が行政や国家を超えた理念によって動いていることを意味している。

公共図書館の中心的な役割は文化保障であり、知識・情報へのアクセスを担保し、生涯学習の支援を通じてこの役割を具現化することになる。とりわけ、メディアと情報へのアクセスが困難な人びとに対し、そうした人びとがもつ多様な文化的な背景を尊重しながら図書館との接続を試みている。

これらを実現するために、公共図書館では「社会的公正」と呼ばれる理念的枠組みが確立されている。社会的公正とは、文化格差を広げる新自由主義／市場原理主義への対抗概念であり、その論点は公共サービスの「文化的に適正なサービス」に収斂する。

公共図書館は、社会的・文化的に不利な立場に置かれたマイノリティーグループを包み込んで社会的包摂を目指す存在であるが、そのときに「社会的公正」の理念が必要になる。社会的公正理念を踏まえてマイノリティーの包摂を実現するための図書館には、大きく二つの課題がある。一番目は図書館資源の調整手法であり、具体的には、実務的な手法の確立が課題となる。二番目は、図書館の存在が他者への想像力を育む装置となるための条件を図書館内につくることである。北部ヨーロッパの公共図書館は、この二つの難しい課題に挑戦し続けている。

公共図書館の変容

マーガレット・ヒルダ・サッチャー（Margaret Hilda Thatcher, 1925〜2013）によって推し進められた一九八〇年代の民営化と規制緩和を中心とする経済政策は、公共文化予算の大幅削減をもたらした。公共文化施設への予算が削られていくなかで、公的施設への民間財源の投入、そして民間企業による公共文化施設運営などが進行した。日本も「指定管理者制度」の導入により、公共図書館の民営化が進んでいる。

こうした政策転換による公共図書館への影響は言うまでもないだろう。図書館法を世界で初めてつくり、アメリカとともに公共図書館界をリードしてきたイギリスの図書館は閉鎖や職員の削減などで一気に弱体化していった。

サッチャーによる経済改革は、世界中の経済・社会に影響を与えた。公共サービスを極限までに減らす新自由主義の経済政策によって図書館予算は減額され、図書館サービスは直接的な打撃を被ることになった。また、新自由主義による図書館界への影響は単なる予算削減にとどまらなかった。図書館サービスそれ自体がもつ公的な価値を、市場主義によって変形させてしまったのだ。(2)

こうした流れに翻弄されるなかで図書館界は、この三〇年間、真剣に図書館の公共的価値について議論してきた。そして、それぞれの国が考える公共の形を各図書館に具現化することで図書館は「新自由主義」に対抗できる機関であることを示してきたのである。

---

(2)　イエーガーらは、経済活動にかかわる新自由主義と新保守主義の政治イデオロギーが結び付くことで、公的サービスが力を失なっていくメカニズムを詳細に論じている。ポール・T・イエーガー、ナタリー・グリーン・テイラー、アースラ・ゴーハム（川崎良孝、高鍬裕樹訳）『図書館・人権・社会的公正：アクセスを可能にし、包摂を促進する』京都図書館情報学研究会発行、日本図書館協会発売、二〇一七年、二〇七ページ。

第9章

旅の終わりに

公共図書館には住民が自然と集まってくる（ゴーダ図書館）

1 敷居が低い公共空間としての図書館

今回のオランダへの旅ではいろいろな大きさの図書館を回ったが、アムステルダム中央図書館のサイズは群を抜いて巨大なものだった。まさに、街のランドマークである。アムステルダムの住民、私のような一時的な居住者、そして旅人がこの図書館に吸い込まれるように入っていき、館内はあらゆるところが訪れた人びとの行き交う公共空間となっている。このような大きな図書館では個人の匿名性が高まるので、利用者は他人を気にせず、他人から干渉されず、好きなように図書館で過ごす自由を手に入れることができる。

しかし、私が個人的に惹きつけられたのは、街角にある小さな図書館であった。たとえば、ライゲルスボス図書館である（第6章3節）。この図書館は、街の目抜き通りの商店街に面している。通りに面して新聞コーナーがあり、常連の利用者がそこでいつも長い時間を過ごしている。そして、道ゆく知り合いとおぼしき人が、図書館にいる人に向かって「よう、今日も図書館だね」という感じで手を振っている。何人もの人が、このようにして窓越しに挨拶を交わしている。もちろん、中に入ってきて挨拶を交わす人もいた。

このような光景は、ライゲルスボス図書館以外でもよく見られた。ほかの分館でも、明らかに常連と見られる利用者が互いに肩を叩き合って挨拶をしている。まるで、互いの無事を確認するような感じだ。このような儀式を済ませると、あとは長時間滞在して、おしゃべりをしたり、新聞を読んだりして、思い思いに寛ぎのひとときを過ごす。

小さな図書館では、図書館員も業務上に必要な会話に加えて「余分な会話」を利用者と交わしている。コミュニティーの喪失が唱えられてから半世紀以上も経った現在、地域からどんどん消えていったこうした絶滅寸前の空間がオランダの街角の公共図書館にはあった。

お互いの存在を何気なく確認できる場所は得難いものとなる。もちろん、それが図書館である必要はない。だが、訪れた街の図書館がそうした役割を果たしていることを、私はオランダで実際に目の当たりにしたのだ。

図書館は、人びとが気軽に出会うことができる敷居の低い場所である。アムステルダム公共図書館が二〇一四年に発表した報告書には、「敷居が低い」という表現が何回も出てくる。最初に、

歩行器で図書館へ向かう高齢者

窓越しに行き交う住民が声を掛け合う（ライゲルスボス図書館）

アムステルダム公共図書館について次のように規定されている。「すべての住民が情報社会に十分に参加できるようにする場所、学んだり、人と出会ったり、文化的刺激を受ける敷居の低い公共の場所」

さらに、「誰でもアクセスができて、敷居が低く、非商業的な場であることが図書館の特徴である」と説明している。(1)

2 図書館の文化装置としての強み

本書で述べてきたとおり、二一世紀の北部ヨーロッパの公共図書館は、自己との対話と他者との会話によって成り立つ場所になった。

デンマークでは、二〇一〇年頃から職員不在の時間帯を住民に開放するという「オープンライブラリー」が増えはじめ、二〇一八年現在、公共図書館の半数以上がこのシステムを導入している。デンマークに続いて、スウェーデン、ノルウェー、フィンランド、オランダにもこの動きは広がっていることもすでに述べたとおりである。セルフサービスの図書館は自己との対話空間としての図書館を象徴するものであり、自律的な図書館の利用者が公共空間に身を委ねつつ自己と対話を続けている。

一方、図書館は公論を形成する場ともなった。すでに二〇〇八年、コペンハーゲンでは公共図書館内に「デモクラシーコーナー」がつくられ、住民と政治家が自由に話すというスペースがあった。この動きは北欧諸国に広がったが、もっとも熱心だったのがノルウェーである。

ノルウェーの図書館は、住民と政治家や住民同士の議論を拡張して、市長と住民の対話を企画した。そして、とうとう世界で初めて「図書館での会話」を法律に盛り込んでしまったのだ。二〇一三年に改定されたノルウェーの公共図書館法（Lov om forkeibibliotek）では、次のように規定されている。

「公共図書館は、国に住むすべての人に、図書やその他のメディアを無料で提供することによって、知識、教育、その他の文化活動を積極的に推進する。公共図書館は、公共性をもつ会話と議論のための独立した出会いと活動の場である[2]」

（1）*Samen voor heel Amsterdam: Beleidsplan 2015-2018* https://www.oba.nl/dam/OBA-beleidsplan_defproef.pdf

（2）Kulturdepartementet, Lov om folkebibliotek, LOV-2013-06-21-95　https://lovdata.no/dokument/NL/lov/1985-12-20-108

ノルウェーに次いで図書館が議論の場であることを法律に盛り込んだのがオランダだった。ノルウェーとオランダの図書館法は、「資料・情報・文化」に向き合い、自己と対話する場所であった公共図書館が「他者と会話する場になった」ことの宣言でもあるし、公論形成が法律に入ることによって、図書館が社会関係資本の形成という役割を担う段階に達したことを示している。

公共図書館の存在意義とは一体なんであろうか。それは、図書館がメディアを通じて自分と対話し、他者とのコミュニケーションを通じて文化と情報を共有しながら、利用者の学びを深めていく自由な学習空間であり続けることではないだろうか。

図書館には、「文化的刺激と知的緊張感」「他者との会話と自己との対話」「問いをつくることと答えを得る」という重層構造が用意されている。訪れる人は、こうした多層的な空間を自由に動き回ることができるのだ。これら両方を往復できること、それが図書館のもつ最大の強みである。

本書では、図書館のさまざまな役割を示しながら、図書館がメディアの変化に合わせて進化してきたこと、そして、今では情報にかかわるあらゆるニーズを満たす多目的な文化施設となっていることを紹介してきた。

図書館が提供するのは、電子書籍であり、最新の３Ｄプリンターを備えたメーカースペースであり、人と人をつなぐコミュニティープロジェクトである。今後現れるであろうメディアに対しても、図書館は真っ先にそれを試し、いち早く利用者にそれを提供し、地域社会の要請にこたえるプロジェクトを開拓し続けるだろう。

だが、図書館がこれほどまでに進化を遂げているにもかかわらず、利用者が図書館にもっとも強く求めているのは、相変わらず「読書の場所」としての図書館なのである。

アメリカでも、北欧でも、日本でも、図書館は情報と文化へのアクセスの場としてアピールをしてきたが、どんな方法を使っても利用者は、図書館と「読書施設」のつながりを強固にもち続け、「読書施設としての図書館」のイメージを手放すことはしない。その理由を突き止めることにあまり意味はないだろう。とにかく、人は図書館に「本」を求めているのである。それが紙であれ、電子書籍であれ。

本書の執筆を通して改めて考えたことは、文化を受容するときの行為とそのための空間である。音楽を聴くときにはコンサートホールに出掛け、演劇を観るときには劇場に、そして絵画を鑑賞するときには美術館に多くの人が行っている。その延長として、本を読むために図書館に行っている。

私たちは、それぞれの文化表現に応じた空間を求めているのである。もちろん、自宅でレコードを聴くこともできるし、本を読むこともできるが、それはコンサートホールで音楽を聴いたり、本で埋め尽くされた図書館で本を読むこととは別の体験である。さらに図書館がほかの文化専門施設と異なる点は、そこを利用するのに資格もお金もいらないことである。

インターネットの普及によって、私たちの「読む行為」はかなり変化してしまった。次々に情報を読み飛ばし、スキップし、ランダムにリンク先に飛んで、拾い読みをするという新しい「読み」のスタイルが生まれた。そんなインターネット上の「読み」には終着点がないから焦燥感にとらわれる場合が多い。リンク上をあてどもなく彷徨ったあとは、必ずと言っていいほど時間を浪費した気持ちになるのだ。一方、本を読んでいてこんなふうに感じることはない。

長年にわたって図書館に通い続けても、積極的にプログラムに参加したり、レファレンスサービスを受けたりすることのない利用者はたくさんいる。むしろ、そういう人のほうが多いであろう。また、図書館で公的な議論をしないこの人たちが図書館を十分に使いこなしていないのかと言えばそんなことは決してない。

図書館に深い愛着をもちながら、長期間にわたって図書館での読書を通じて、自己との対話を続けることで完結することもまた図書館の十分な使い方なのだ。このように、自分と静かに向き合える時空間を提供することこそ、公共図書館のもっとも重要な役割ではないだろうか。なぜなら、この役割を代替する公共機関がコミュニティーには存在しないからである。

本書では、最先端を行く新しい図書館と、それとは対照的な小さな図書館を紹介してきた。最先端の図書館の近くに住めればそれに越したことはないだろう。しかし、そのような幸せな人はひと握りにすぎない。大部分の人にとっては、少し年季が入った小さな図書館が行きつけの図書館である。

でも、「公共図書館」の本質は、図書館によって変化するものではない。アメリカ図書館協会は、一九八〇年に図書館を「情報と思想の広場」と規定した。誰もが自由に表現し、誰もがそれを自由に受け取れる場所、それが図書館である。そして、表現の授受が自由に行えないような事態が発生したときには断固としてこれに立ち向かう。この本質に、図書館の規模や地域性はまったく関係ないのだ。

おわりに

図書館界では、伝統的に「情報アクセスを基本的人権と捉えること」と「公共図書館サービスの無料制」とを接続させて議論してきた。だから、オランダの公共図書館がサービスに課金することを知った人は誰しも、その基本的人権が損なわれているのではないかとの疑念を禁じることができない。私もそうだった。しかしオランダは、「図書館サービスの有料制」の長い歴史のなかで、どのサービスを無料にし、どのサービスを有料にするのかを慎重に議論しながら課金制度を維持してきたのである。

もちろん、そうした歴史的な蓄積があろうとも、オランダの公共図書館制度において、情報アクセスにかかわる無料サービスの「範囲が狭い」と批判することはできるだろう。だが、オランダにおいて、基本的人権としての情報アクセスが軽視されているということは決してない。オランダの公共図書館は、あらゆる方法で、すべての人の情報と文化へのアクセスに向けてサービスを提供してきたのである。その真摯な取り組みを広く知ってもらいたいという思いが、本書の執筆中ずっと私の心にあった。

オランダで感じたこと、それは、生活のなかに普通にあってほしいものが「普通」にあることの喜びだった。ちょっと休みたいと思ったところにある運河沿いのベンチ、ふと見上げたところにある、見ていると自然に緊張がほどけていくようなパブリックアート、トラムの車窓から見えるストリートダンス、緑に包まれた公園、コンサートホール、美術館、そして図書館――それらは私たちが「よき生」を送るための場所である。こうした場所がたくさんあればあるほど、日々の生活が豊かになる。図書館職員との会話のなかで、「よき生活を支える図書館」という言葉が何度も繰り返し出てきたことが思い出される。

それからオランダでは、歩行器で図書館に来る利用者をよく見かけた。愛用の歩行器にもたれながら熱心に図書を選んでいる人を見るたびに、超高齢者になった住民にとって、公共図書館がどんなに大切な場所なのかを強く感じた。

子どものころには誰もが行く公共図書館。でも、そのうちに足が遠のいてしまう。毎日の生活に追われ、時間が過ぎていき、図書館に通った日々をいつしか忘れてしまう。しかし、ふと気付くと、「ほんの少しだけ」時間に余裕が

運河沿いのベンチ

できていることを発見する。そして、再び図書館に通う日々がはじまるのだ。なぜなら、すべての人に開かれた図書館が「そこにあるから」。

これは、私の思い描く未来の光景であるとともに、図書館に通った人の多くが共感してくれるであろう図書館とのかかわり方である。そんな未来が来るように、図書館は「いつもの場所に」あってもらわなければならない。

＊＊＊

本書をまとめるにあたり、文部科学省科学研究費補助金「基盤研究（C）公立図書館という空間に関する歴史横断的研究」と「基盤研究基盤研究（C）社会的公正を基軸とした公共図書館論の再構築」からの研究助成を受けた。オランダ図書館研究に当たって公立図書館の基本的理念について数々のアドバイスをいただいた京都大学名誉教授の川崎良孝先生と、オランダへの渡航にあたり事務的にご支援いただいた京都大学教育学研究科生涯教育学講座の矢野麻里美さんに心から感謝申し上げたい。前作『デンマークのにぎやかな公共図書館』（二〇一〇年）、『読書を支えるスウェーデンの公共図書館』（二〇一二年）、『文化を育むノルウェーの図書館』（二〇一三年）、ともに新評論）と同様、今回も草稿段階から、株式会社新評論社長武市一幸氏には伴走してもらいながら数多くのアドバイスをいただいた。心からお礼を申し上げたい。そして、今回の執筆全般にわたって温かく見守り、励ましてくれたパートナーの宮沢厚雄に本書を捧げたい。

本書の姉妹編に『デンマークのにぎやかな図書館』（新評論、二〇〇九年）、『読書を支えるスウェーデンの公共図書館』（新評論、二〇一二年）、『文化を育むノルウェーの図書館』（新評論、二〇一三年）がある。本書を読んでヨーロッパの図書館について興味をもたれた方は、ぜひあわせて読んでいただくことを願っている。

二〇一八年　盛夏

吉田右子

参考にしてほしい文献一覧

以下では、本書執筆の際、オランダの社会・文化・教育について参照した資料のなかから代表的な文献をリストアップした。なお、本文中に記載した資料は割愛した。

第1章

・黒川直秀「オランダの教育と学校選択制」『レファレンス』768、二〇一五年、七九〜九九ページ。
・小林早百合「多文化社会をつなぐことば、分けることば─オランダの学校言語教育から」『天理大学学報』56(1)、二〇〇四年、三五〜四八ページ。
・長坂寿久『オランダを知るための60章─エリア・スタディーズ62』明石書店、二〇〇七年。
・中谷文美『オランダ流ワーク・ライフ・バランス：「人生のラッシュアワー」を生き抜く人々の技法』世界思想社、二〇一五年。
・水島治郎『反転する福祉国家：オランダモデルの光と影』岩波書店、二〇一二年。
・リヒテルズ直子、苫野一徳『公教育をイチから考えよう』日本評論社、二〇一六年。

第2章

・永田治樹「オランダ公共図書館訪問調査：図書館法人と課金制」『ST. Paul Librarian』27、二〇一二年、一〇七～一一七ページ。

・西川馨編『オランダ・ベルギーの図書館：独自の全国ネットワーク・システムを訪ねて』教育史料出版会、二〇〇四年。

・野坂悦子「オランダとベルギーの子どもの本をめぐって」『こどもとしょかん』134、二〇一二年、二～一一ページ。

・柳 勝文「「１００の才能の図書館」とプロジェクト「２０４０年の図書館」：オランダの公共図書館の事例から」『現代の図書館』54（３）、二〇一六年、一〇七～一一三ページ。

・Frank Huysmans and Carlien Hillebrink, *The Future of the Dutch Public Library: Ten Years on, Netherlands,* Institute for Social Research, 2008, 210p.

・Marian Koren, "Libraries in the Netherlands," *Libraries in the Early 21st Century*. Vol. 2, De Gruyter Saur, 2012, p. 383-414.

・Paul Schneiders, Libraries in the Netherlands, *IFLA Journal*, 24 (3), 1998, p. 145-156.

第３章

・稲垣行子『公立図書館の無料原則と公貸権制度』日本評論社、二〇一六年。

・組原洋「ＥＵの中のオランダの公共図書館」『沖縄大学法経学部紀要』４、二〇〇四年、二一～三六ページ。

第4章

・エラ・ライツマ、今江 祥智訳『ディック・ブルーナの世界―パラダイス・イン・ピクトグラムズ』駸々堂出版、一九九二年。

・ヨーケ・リンデルス、野坂悦子訳『かえるでよかった：マックス・ベルジュイスの生涯と仕事』セーラー出版、二〇〇七年。

・Adriaan Langendonk & Kees Broekhof, The Art of Reading: The National Dutch Reading Promotion Program, *Public Library Quarterly*, 36 (4), 2017, p. 293-317.

第5章

・Henrik Jochumsen & Casper Hvenegaard Rasmussen & Dorte Skot-Hansen, "The Four Spaces — A New Model for the Public Library," *New Library World*, 113 (11/12), 2012, p. 586-597.

第8章

・吉田右子「自己との対話・他者との会話：21世紀のデンマーク公共図書館がめざすもの」『図書館雑誌』109(4)、二〇一五年、二二〇～二二二ページ。

・吉田右子「対話とエンパワーメントを醸成する21世紀の北欧公共図書館」『現代の図書館』52(2)二〇一四年、四二～五〇ページ。

・和気尚美「スカンジナビアにおける難民・庇護希望者に対する公共図書館サービス」『カレントアウェアネス』335、二〇一八年三月、二三〜二六ページ。
・Jos Debeij, New Legislation for Public libraries in the Netherlands & the New Role for the Koninklijke Bibliotheek. Paper presented at: IFLA WLIC 2015 – Cape Town, South Africa in Session 200 – National Information and Library Policy SIG with National Libraries http://library.ifla.org/1277/1/200-debeij-en.pdf
・Libraries in the Netherlands: Priorities & Perspectives（OCLC）http://www.oclc.org/reports/nl-libraries/default.htm

索　引

「＊」を付した項目は、アムステルダム公共図書館分館を示している。

著者紹介

吉田　右子（よしだ・ゆうこ）

1963年、東京都生まれ。

1992年、図書館情報大学大学院修士課程修了。

1997年、東京大学大学院教育学研究科博士課程単位取得退学。

図書館情報大学助手を経て現在、筑波大学図書館情報メディア系教授。博士（教育学）。主な著作に『メディアとしての図書館』（日本図書館協会、2004年）、『デンマークのにぎやかな公共図書館：平等・共有・セルフヘルプを実現する場所』（新評論、2010年）、『読書を支えるスウェーデンの公共図書館：文化・情報へのアクセスを保障する空間』（小林ソーデルマン淳子・和気尚美と共著、新評論、2012年）、『文化を育むノルウェーの図書館: 物語・ことば・知識が踊る空間』（マグヌスセン矢部直美・和気尚美と共著、新評論、2013年）2008年８月から2009年３月までデンマーク王立情報学アカデミー客員研究員。

オランダ公共図書館の挑戦

—サービスを有料にするのはなぜか？—

2018年９月20日　初版第１刷発行

著　者　吉　田　右　子

発行者　武　市　一　幸

発行所　株式会社　新　評　論

〒169-0051
東京都新宿区西早稲田３-16-28
http://www.shinhyoron.co.jp

電話　03(3202)７３９１
FAX　03(3202)５８３２
振替・00160-1-113487

落丁・乱丁はお取り替えします。
定価はカバーに表示してあります。

印刷　フォレスト
製本　松　岳　社
装丁　山田英春
写真　吉田右子
（但し書きのあるものは除く）

©吉田右子　2018年

Printed in Japan

ISBN978-4-7948-1102-8

JCOPY ＜（社）出版者著作権管理機構 委託出版物＞

本書の無断複写は著作権法上での例外を除き禁じられています。複写される場合は、そのつど事前に、（社）出版者著作権管理機構（電話 03-3513-6969、FAX 03-3513-6979、e-mail: info@jcopy.or.jp）の許諾を得てください。

新評論　好評関連書のご案内

吉田右子
デンマークの　にぎやかな公共図書館
平等・共有・セルフヘルプを実現する場所

平等・共有・セルフヘルプの社会理念に支えられた北欧の豊かな“公共図書館文化”を余すところなく紹介！

四六上製　268 頁　2400 円

ISBN978-4-7948-0849-3

小林ソーデルマン淳子・吉田右子・和気尚美
読書を支える　スウェーデンの公共図書館
文化・情報へのアクセスを保障する空間

作家、出版社、書店、学校、地域がタッグを組んで読書振興。歴史の中で弛みなく鍛えられてきた図書館文化の真髄。

四六上製　260 頁　2200 円

ISBN978-4-7948-0912-4

マグヌスセン矢部直美・吉田右子・和気尚美
文化を育む　ノルウェーの図書館
物語・ことば・知識が踊る空間

険しい地勢条件を乗り越え、充実したシステムを構築している“隠れ図書館大国”ノルウェー。その先進性と豊かさに学ぶ。

四六上製　316 頁　2800 円

ISBN978-4-7948-0941-4

表示価格は本体価格（税抜）です。